Wayne A. Mack (mit Joshua Mack)

Demut – die vergessene Tugend

Wayne A. Mack

Demut
– die vergessene Tugend

CMV

Originaltitel: *humility – the forgotten virtue*
P&R Publishing Company, P.O. Box 817, Phillipsburg, New Jersey 08865-0817.

ISBN 978-3-932308-92-5
CMV-Bestellnummer: 30892
Autor: Wayne A. Mack (mit Joshua Mack)

1. Auflage 2011

Übersetzung, Grafik und Satz: CMV
Printed in Germany

Inhaltsverzeichnis

Vorwort

Endlich – ein Buch, das die Wahrheit über den Stolz enthüllt und unterstreicht, was Cotton Mather „die anderslautende Gnade"[1] – nämlich Demut – nannte.

Dieses Buch wird dringend gebraucht in einer Zeit, in der ganze Menschenmassen in verschiedenen Formen der unbiblischen Selbstachtung versinken!

Wayne Mack definiert Stolz und Demut auf der Grundlage der Bibel. Er zeigt uns auf verschiedene Weise, dass Gott den Stolz hasst (Spr. 6,16-17). Er hasst die Stolzen mit Seinem Herzen, verflucht sie mit Seinem Mund und straft sie mit Seiner Hand (Ps. 119,21; Jes. 2,12; 23,9). Der Stolz war der erste Feind Gottes. Er war die erste Sünde im Paradies und wird die letzte sein, die wir erst im Tode ablegen werden. *„Der Stolz ist das Kleid der Seele, als erstes angelegt, als letztes abgelegt"*, schrieb George Swinnock.

Mack zeigt uns, dass der Stolz eine einzigartige Sünde ist. Die meisten Sünden ziehen uns weg von Gott – aber der Stolz ist ein direkter Angriff auf Gott. Er erhebt unsere Herzen gegen Ihn und über Ihn. Der Stolz bemüht sich, Gott zu entthronen und sich selbst auf den Thron zu setzen. Auch unserem Nächsten gönnt der Stolz den Thron nicht. Er setzt immer die Selbst-Vergötterung über den Dienst am Nächsten. Im Grunde verstößt der Stolz gegen beide Gesetzestafeln und alle Zehn Gebote.

Der Stolz ist vielschichtig. *„Er nimmt viele Formen und Gestalten an und umschließt das Herz wie die Schichten einer Zwiebel – wenn*

1 Original: *„the contrary grace"*

man eine Schicht abzieht, kommt darunter eine weitere zum Vorschein", schrieb Jonathan Edwards.

Es gibt viele Dinge, die den Stolz nähren: Ein gutes Maß an Fähigkeiten und Weisheit, ein einzelnes Kompliment, eine Zeit beachtlichen Wohlstandes oder eine kleine Errungenschaft. *„Es ist schwer, diese Sünde auszuhungern, da es kaum etwas gibt, wovon sie nicht leben kann*", schrieb Richard Mayo.

Unsere Vorfahren wussten, dass sie gegen diese Sünde nicht immun waren. *„Ich weiß, dass ich stolz bin; aber ich kenne diesen Stolz nicht einmal zur Hälfte*", schrieb Robert Murray M'Cheyne. Zwanzig Jahre nach seiner Bekehrung stöhnte Jonathan Edwards über die *„bodenlose, unendliche Tiefe des Stolzes*", die noch immer in seinem Herzen vorhanden war. Und Martin Luther sagte: *„Ich fürchte mich vor meinem eigenen Herzen mehr als vor dem Papst und allen seinen Kardinälen*".

Ein gottesfürchtiger Mensch kämpft gegen den Stolz, wohingegen ein weltlich gesinnter seinen Stolz nährt. *„Ich werde oft von Menschen bewundert und das macht mich froh*", sagte Henry Martyn, *„aber ich verachte die Freude, die ich empfinde.*" Cotton Mather gab zu, als ihn der Stolz mit Bitterkeit und Verwirrung gegen Gott erfüllte, *„bemühte ich mich, mir meinen Stolz als das Bild des Teufels vorzustellen, als das Gegenstück der Gnade Christi; als Angriff auf Gott und Beleidigung des Heiligen Geistes; als unsinnigste Torheit und Wahnsinn eines Menschen, der absolut nichts Großartiges an sich hat, sondern einen extrem verdorbenen Charakter besitzt.*" Thomas Shepard kämpfte auch gegen den Stolz. Am 10. November 1642 trug er in sein Tagebuch ein: *„Ich hielt eine persönliche Fastenzeit für eine Erleuchtung, um die Herrlichkeit des Evangeliums ganz begreifen zu können … und um all den Stolz, der noch in meinem Herzen vorhanden ist, besiegen zu können.*"

Wenn wir den weltlichen Stolz töten und in göttlicher Demut leben wollen, lasst uns den Rat von Mack befolgen und unseren Erlöser als denjenigen betrachten, dessen Leben „nichts weiter als eine Serie von Leiden" war, wie Calvin es ausdrückte. Nirgends sonst wird die Demut so deutlich ausgelebt wie in Gethsemane und auf Golgatha. Bekenne mit Joseph Hall:

Dein Garten ist der Ort,
wo Stolz kein' Zutritt hat,
und sollt's ihm gelingen,
dort einzudringen,
er würde ertrinken im Blut.

Und singe mit Isaac Watts:

Wenn ich das wunderbare Kreuz betrachte,
an dem der Ehrenkönig starb,
den größten Schatz ich dann verachte,
Stolz mit Verachtung ich begrab.

Hier noch einige weitere Möglichkeiten, wie man den Stolz besiegen und die Demut fördern kann:

- Bemühe dich, Gott, Seine Eigenschaften und Seine Herrlichkeit besser zu verstehen. Hiob und Jesaja zeigen uns, dass Gott zu kennen die größte Hilfe ist, um demütiger zu werden (Hiob 42, Jesaja 6).
- Denke viel über die Ernsthaftigkeit des Todes, die Gewissheit des Jüngsten Gerichts und die ungeheure Ausdehnung der Ewigkeit nach.
- Sieh jeden Tag als Gelegenheit, dich selbst zu vergessen und anderen zu dienen. Die Handlung des Dienens wirkt von sich aus demütigend.
- Lies die Biographien von großen Erweckungspredigern: Die Tagebücher von George Whitefield, das Leben von David Brainerd und „Alles zur Ehre Gottes" von Charles Spurgeon. Dr. Martyn Lloyd-Jones sagt: „Wenn dich das nicht auf den Boden der Tatsachen zurückholt, dann erkläre ich dich für … hoffnungslos."
- Denk jeden Tag daran: „Stolz kommt vor dem Zusammenbruch, und Hochmut kommt vor dem Fall." (Sprüche 16,18) Bete täglich für mehr Demut.
- Lies dieses Buch. Beantworte die Fragen. Lies dann das Buch noch einmal. Wenn du es wirklich ernst nimmst und der

Heilige Geist dein Herz segnet, wirst du geistlich wachsen. Das Bekenntnis Johannes des Täufers – „Er [Christus] muss wachsen, ich aber muss abnehmen“ (Johannes 3,30) – ist die Kernaussage dieses Wachstums und meiner Meinung nach das Kernstück jeder echten Heiligung.

Joel R. Beeke

Einleitung

Charles Spurgeon sagte einmal: „Dieser Dämon ‚Stolz' wurde mit uns geboren und wird nicht eine Stunde vor uns sterben. Er ist so stark mit dem Geflecht unseres Charakters verwoben, dass er sich erst dann von uns trennt, wenn wir in unser Leichentuch gehüllt werden." Im Wesentlichen ist der Stolz die erste Sünde, die ihren Kopf bei unserer Geburt erhebt, und die letzte, die bei unserem Tod verschwindet. Unser ganzes Leben lang stellt der Stolz ein ernsthaftes Problem für uns dar. Ähnlich beschreibt auch C.S. Lewis seine Überzeugung über die Ernsthaftigkeit des Stolzes. In seinem Buch „Pardon, ich bin Christ" behauptet Lewis, dass der Stolz „das Hauptlaster, das schlimmste Übel" ist, dass er „das eine Laster ist, von dem sich kein Mensch der Welt freisprechen kann, und von dem sich kaum jemand vorstellen kann, sich dessen schuldig gemacht zu haben." Chrysostomos, ein großer Kirchenvater, stimmte diesen Äußerungen zu, als er den Stolz als den Inbegriff allen Übels bezeichnete.

Niemand, der die Bibel kennt und die Menschen aufmerksam beobachtet, wird abstreiten, dass der Stolz schon immer ein riesiges Problem in der Welt war und immer noch ist. Es kann auch niemand abstreiten, dass der Stolz ernsthafte Probleme verursacht, und dass sein Gegenstück, die Demut, eine wertvolle aber seltene Eigenschaft der Menschen und ihrer Beziehungen ist. Für uns alle, die wir nach dem Sündenfall geboren wurden, ist der Stolz ein natürlicher und vorherrschender Charakterzug. Wahre Demut ist unnatürlich und außergewöhnlich für alle, die noch nicht im Himmel sind.

Dieses Buch wurde aus der Bemühung heraus geschrieben, Stolz und Demut aus biblischer Sicht zu verstehen. Es soll uns helfen den zerstörerischen Stolz-Faktor in unserem Leben zu reduzieren und die wahre Demut in uns zu fördern. Dazu habe ich einen Vier-E-Ansatz verwendet. Auf Grund der Überzeugung, dass man nichts ablegen oder anlegen kann ohne zu wissen, worum es sich dabei handelt, beginne ich dieses Buch mit der biblischen Erklärung von Stolz und Demut. Dann setze ich mich damit auseinander, wie man Stolz und Demut erkennen kann. Und schließlich erkläre ich, wie man wahre Demut entwickeln und den zerstörerischen Stolz eindämmen kann.

Die Heilige Schrift sagt uns, dass Gott gegen die Stolzen ist, aber den Demütigen ist Er gnädig (Jakobus 4,6; 1.Petrus 5,5). Aus diesem Grund und vielen anderen, die in diesem Buch erklärt werden, sollte sich jeder Christ mit dem vorliegenden Thema befassen. In der Bibel lesen wir, dass der Herr Jesus Christus, der Sohn Gottes in Menschengestalt, sanftmütig und demütig war (Matthäus 11,28-30; Philipper 2,5-8). Gott sagt in seinem Wort, dass Er von uns allen, die wir durch den Gehorsam und das Opfer Christi erlöst worden sind, erwartet, dass wir uns in sein Ebenbild verwandeln lassen (Römer 8,29-30; Philipper 2,5). Dazu gehört auch, dass wir den Stolz ablegen und die Demut anlegen. Es ist mein Gebet, dass Gott den Inhalt dieses Buches gebraucht, um Sein Ziel mit uns zu erreichen, dass wir dem sanftmütigen und demütigen Jesus – unserem großen Herrn und Erlöser und Vorbild – ähnlicher werden. Schließe dich bitte meinem Gebet an, dass Gott dieses Buch gebraucht, um dieses Ziel in deinem und in meinem Leben zu erreichen.

Viele Personen haben mir geholfen, dieses Buch zu verwirklichen. Ich bin ihnen zu großem Dank verpflichtet. Bei meinem vollen Terminplan wäre dieses Buch ohne ihre Hilfe niemals entstanden. Du wirst beim Lesen bestimmt einige Fehler finden, denn ich hatte keine Eingebung wie die biblischen Autoren. Vielleicht ist dir auch der Stil nicht brillant genug. Bitte gib mir die Schuld an allem, was an diesem Buch negativ ist, und die positiven Sachen schreibe diesen lieben Menschen zu, die mir geholfen haben. Sie sind mir eine gewaltige Hilfe dabei gewesen, dieses Buch zu schreiben.

Wer sind diese Leute? In gewisser Hinsicht haben mir alle Mitglieder der *Grace Fellowship Church* im Lehigh Tal von Pennsylvania geholfen, dieses Buch fertig zu stellen. Denn ich habe ihnen dessen Inhalt zuvor in unseren Unterrichtsstunden vorgestellt. Sie haben sich den Stoff angehört und sich dazu geäußert; ich hoffe, dass sie dadurch in ihrem Glaubensleben gewachsen sind.

Im Einzelnen: Janet Dudek, die mir bereits mit einigen anderen Büchern geholfen hatte, war dafür zuständig, den Inhalt abzutippen und zu überarbeiten. Damit hat sie viele Stunden zugebracht. Ihre Befähigung mir dabei zu helfen, den Stoff zu formulieren und zu komprimieren, ihr Einsatz, ihre harte Arbeit und ihre Unterstützung waren unbezahlbar. Ihr Ehemann, Jeff, ist Englisch-Lehrer; er sah ihr über die Schulter (und bildlich gesprochen auch über meine) und gab gute Ratschläge bezüglich Grammatik und Stil. Dr. Joel Beeke, ein begabter und viel beschäftigter Prediger, Hochschullehrer und Gemeindeleiter, war so gut und hat sich bereit erklärt, ein Vorwort zu dem Buch zu verfassen. Du wirst beim Lesen sicher feststellen, warum ich ihm so dankbar bin, dass er sich die Zeit genommen hat es zu lesen und ein Vorwort dazu zu schreiben. Seine Worte geben einen wunderbaren Ton an, der auch den Rest des Buches bestimmt.

Meine Frau Carol tat das Übliche: Sie las das Manuskript und machte Vorschläge, wie man das Gesagte besser formulieren könnte.

Während du dieses Buch liest, wirst du festellen, dass mir noch andere beim Schreiben sehr behilflich gewesen sind. Thomas Watson, John Bunyan, Jonathan Edwards und Charles Spurgeon haben in schriftlicher Form wertvolle Erkenntnisse zum Thema beigetragen. Da dieses Buch viele Zitate von ihnen enthält, möchte ich nicht versäumen, die Hilfe zu würdigen, die ich von ihnen erhalten habe.

Mein Dank gilt all diesen Menschen, aber besonders Gott für Seine Güte und dafür, dass Er mir etwas gegeben hat, worüber ich schreiben kann. Ich bete dafür, dass dieses Buch entscheidend dazu beitragen könnte, dass unser Dreieiniger Gott geehrt und Sein Volk, für das Christus gestorben und wieder auferstanden ist, dadurch sehr gesegnet wird.

Kapitel 1
Die Bedeutsamkeit der Demut

In seinem tiefgründigen Buch *Die Pilgerreise* gebraucht John Bunyan ein Sinnbild, um wichtige Wahrheiten über Leben und Glauben eines Christen deutlich zu machen. Die Hauptperson Bunyans heißt Christ; er geht auf eine lange Reise, die mit seiner Errettung beginnt und an deren Ende ihn die selige Ewigkeit erwartet. An einem bestimmten Punkt in der Geschichte bereitet sich Christ darauf vor, den Palast Wunderschön, der die Gemeinde darstellt, zu verlassen und in das Tal der Demut hinabzusteigen. Einige Freunde wollen ihn begleiten.

> Er meinte, es sei Zeit aufzubrechen, und sie waren einverstanden.
>
> „Aber erst", sagten sie, „komm noch einmal mit uns in das Waffenlager."
>
> Dort rüsteten sie Christ von Kopf bis Fuß mit allem aus, was er gebrauchen könnte, falls er unterwegs angegriffen würde. Dann ging er mit seinen Freunden bis ans Tor, wo er den Torhüter Wachsam fragte, ob irgendwelche Pilger vorbeigekommen seien.
>
> „Ja", antwortete Wachsam.
>
> „Sag mir bitte, ob es jemand war, den du kennst", bat Christ.
>
> „Ich habe ihn nach seinem Namen gefragt", meinte Wachsam, „und er sagte mir, er heiße Getreu."
>
> „Oh, den kenne ich", sagte Christ, „er ist aus meiner Heimatstadt – ein guter Nachbar. Was meinst du, wie weit er mir voraus ist?"

„Er müsste inzwischen am Fuß des Hügels angekommen sein."

„Nun, freundlicher Herr, der HERR sei mit dir und segne dich reichlich für all die Güte, die du mir erwiesen hast."

Als er seine Reise fortsetzte, beschlossen Verschwiegenheit, Gottesfurcht, Wohltätigkeit und Umsicht ihn auf dem Weg bis zum Fuß des Hügels zu begleiten. Also gingen sie zusammen los und sprachen dabei noch einmal über ihre früheren Unterhaltungen, bis sie an den Abhang kamen.

Da sagte Christ: „Es war schon schwer genug diesen Berg zu besteigen, aber soweit ich das beurteilen kann, scheint der Abstieg noch tückischer zu sein."

„Ja, das ist er", bestätigte Umsicht.

„Es ist für einen Menschen eine sehr schwierige Angelegenheit ins Tal der Demut hinabzusteigen ohne unterwegs zu fallen. Deshalb wollen wir dich beim Hinuntergehen begleiten." Und obwohl er sich seinen Weg nach unten sehr vorsichtig suchte, verlor er doch ein- oder zweimal den Halt.

Danach sah ich in meinem Traum, wie sie den Fuß des Hügels erreichten und Christ von seinen teuren Freunden einen Laib Brot, eine Flasche Wein und einen Handvoll Rosinen erhielt. Dann begab er sich auf seine Reise.

Was meinte Bunyan mit dem „Tal der Demut"? Warum sollte Christ, der gerade erst ein Gemeindemitglied geworden war, es nötig haben, dorthin zu gehen? Warum finden sich alle Gläubigen von Zeit zu Zeit in diesem Tal wieder? Was sollen wir dort lernen? In den nächsten Kapiteln werden wir diese und viele andere Fragen beantworten, die sich mit der Demut befassen.

Das Tal der Demut: Beispiele aus der Bibel

Das Tal der Demut steht für die erniedrigenden Erfahrungen, die Gott in unserem Leben zulässt, um die Sünde des Stolzes auszulöschen und uns zu helfen, göttliche Demut zu entwickeln. Diese demütigenden Erfahrungen machen wir Gläubigen heute genauso wie alle anderen Gläubigen sie im Lauf der Geschichte auch gemacht haben. In der Bibel wird uns von vielen solchen Erfahrungen berichtet.

Im ersten Buch Mose lesen wir von der Demütigung Abrahams vor Pharao, als er verschwiegen hatte, dass Sarah seine Ehefrau war. Eine Zeit lang genoss Abraham die Gastfreundschaft des Pharao, während im Land die Hungersnot herrschte, aber wegen seines Betrugs wurden Abraham und seine Angehörigen schließlich des Landes verwiesen.

Joseph musste viele Jahre der Erniedrigung über sich ergehen lassen, bevor ihm Gott die hohe Position des Premierministers von Ägypten verschaffte. Erst wurde er von seinen eigenen Brüdern misshandelt und in die Sklaverei verkauft (1.Mose 37). Später wurde er zu unrecht beschuldigt, die Frau des Potiphar ausgenutzt zu haben und verbrachte zwei Jahre im Gefängnis (1.Mose 39-40).

Mose, der die Israeliten aus Ägypten herausführte, wurde von seinen eigenen Geschwistern missverstanden und gedemütigt. Sie machten es ihm zum Vorwurf, dass er die Leitung des Volkes nicht mit ihnen teilte (4.Mose 12). Dabei hatte Gott ihm sogar ausdrücklich befohlen, die Führung alleine zu übernehmen. Während ihres Auszuges und ihrer Wanderung durch die Wüste lehnten sich die Israeliten immer wieder gegen Mose auf, obwohl sie für ihre Situation selbst verantwortlich waren. In der Tat verbrachten die Israeliten vierzig Jahre im Tal der Demut – in der Wüste – während Gott sie auf das verheißene Land vorbereitete. Andere Beispiele aus dem Alten Testament sind Eli, David, Elia, Jeremia, Hosea und viele andere.

Im Neuen Testament lesen wir, wie die Apostel erniedrigt wurden, darunter auch Petrus, Johannes und Paulus. Diese Männer verbrachten einige Zeit im Gefängnis für Straftaten, die sie nicht begangen hatten. Sie wurden geschlagen und bedroht und einige wurden schließlich sogar getötet. Im zweiten Korintherbrief spricht Paulus über ein bestimmtes Leiden, das er ständig ertragen musste: „Und damit ich mich wegen der außerordentlichen Offenbarungen nicht überhebe, wurde mir ein Pfahl fürs Fleisch gegeben, ein Engel Satans, dass er mich mit Fäusten schlage, damit ich mich nicht überhebe." (12,7) Wenn schon ein Mann wie Paulus Demut lernen musste, können wir davon ausgehen, dass das auch auf uns zutrifft.

Die Bedeutsamkeit der Demut im Leben eines Christen

Bei einer bestimmten Gelegenheit wurde Augustinus gefragt: „Welches ist die wichtigste Eigenschaft im Leben eines Christen?“ Augustinus antwortete: „Demut.“ Darauf fragte die Person: „Welches ist die zweitwichtigste Eigenschaft im Leben eines Christen?“ Wieder antwortete Augustinus: „Demut.“ Dieselbe Person fragte ein drittes Mal: „Welches ist die drittwichtigste Eigenschaft im Leben eines Christen?“ Augustinus wiederholte: „Demut.“

Anhand dieser Unterhaltung können wir sehen, dass Augustinus die Demut für einen äußerst wichtigen Teil des Lebens eines Christen hielt. Man könnte darüber streiten, ob die Demut – oder irgendeine andere bestimmte Eigenschaft eines Christen – eine höhere Stellung haben sollte als andere; Gottes Wort macht es jedenfalls sehr deutlich, dass die Demut für Gläubige extrem wichtig ist.

Wir wissen das aus verschiedenen Gründen. *Erstens:* Wir wissen, dass Demut äußerst wichtig ist, weil die Bibel uns häufig dazu auffordert demütig zu sein. 1.Petrus 5,5-6 ermahnt uns „... ihr alle sollt euch gegenseitig unterordnen und mit Demut bekleiden! ... So demütigt euch nun unter die gewaltige Hand Gottes, damit er euch erhöhe zu seiner Zeit!“ Man beachte, dass dies als Befehl formuliert ist und nicht als Empfehlung. Sich selbst nicht zu demütigen, heißt Gott ungehorsam zu sein und solcher Ungehorsam ist Sünde.

In Epheser 4,1-2 schreibt Paulus: „So ermahne ich euch nun, ich, der Gebundene im Herrn, dass ihr der Berufung würdig wandelt, zu der ihr berufen worden seid, indem ihr mit aller Demut und Sanftmut...“ Und auch in Jakobus 4,10 werden wir aufgerufen: „Demütigt euch vor dem Herrn, so wird er euch erhöhen.“

Unser Herr Jesus Christus fordert uns in Matthäus 23,10-12 auf, demütig zu sein: „Auch sollt ihr euch nicht Meister nennen lassen; denn einer ist euer Meister, der Christus. Der Größte aber unter euch soll euer Diener sein. Wer sich aber selbst erhöht, der wird erniedrigt werden; und wer sich selbst erniedrigt, der wird erhöht werden.“ Die Tatsache, dass diese und viele andere Bibelstellen uns befehlen demütig zu sein, macht deutlich, dass Demut extrem wichtig ist.

Zweitens: Wir wissen, dass Demut sehr wichtig ist, weil die Bibel uns oft ermahnt, uns vom Stolz zu befreien und uns vor dessen ernsten Folgen warnt. In Sprüche 16,5 steht: „Alle stolzen Herzen sind dem Herrn ein Gräuel, die Hand darauf – sie bleiben nicht ungestraft!" Sprüche 18,12 warnt uns: „Vor dem Zusammenbruch wird das Herz des Menschen hochmütig…" In Jesaja 5,15 wird festgestellt: „So wird der Mensch gebeugt und der Mann gedemütigt, und die Augen der Hochmütigen sollen erniedrigt werden." Stolz ist eine ernst zu nehmende Sünde, die von Gott nicht geduldet wird, und die Bibel macht sehr deutlich, dass Stolz im Leben eines Christen keinen Platz hat.

Drittens: Wir wissen, dass Demut wichtig ist, weil Gott verspricht diejenigen zu segnen, die ein demütiges Herz haben. In Jakobus 4,6 steht: „Gott widersteht den Hochmütigen; den Demütigen aber gibt er Gnade." In Sprüche 15,33 heißt es: „Die Furcht des Herrn ist die Schule der Weisheit, und der Ehre geht Demut voraus." Sprüche 22,4 verheißt: „Der Lohn der Demut und der Furcht des Herrn ist Reichtum, Ehre und Leben." Auch in Jesaja steht ein wunderbares Versprechen für demütige Menschen: „Denn so spricht der Hohe und Erhabene, der ewig wohnt und dessen Name »Der Heilige« ist: In der Höhe und im Heiligtum wohne ich und bei dem, der zerschlagenen und gedemütigten Geistes ist, damit ich den Geist der Gedemütigten belebe und das Herz der Zerschlagenen erquicke." (Jesaja 57,15)

Ein bekanntes Sprichwort lautet: „Hilf dir selbst, so hilft dir Gott." Dabei gibt es Nichts, das von der Wahrheit des Wortes Gottes weiter entfernt sein könnte als das. Die Schrift lehrt, dass Gott denen hilft, die Ihn um Hilfe bitten und sich mit all ihren Bedürfnissen nur auf Ihn verlassen. Gott hat durchaus Gefallen daran, den demütigen Menschen zu segnen.

Diesen Grundsatz lehrte Jesus seine Jünger bei verschiedenen Gelegenheiten. Zu Beginn der Bergpredigt sagte Er: „Glückselig sind die geistlich Armen, denn ihrer ist das Reich der Himmel!" (Matthäus 5,3) Später, als die Jünger darüber stritten, wer von ihnen der Größte sei, rief Jesus ein Kind zu sich und sagte zu ihnen: „Wer nun sich selbst erniedrigt wie dieses Kind, der ist der Größte im Reich der Himmel." (Matthäus 18,4)

Vielleicht erlebt ein demütiger Mensch nicht unbedingt das, was diese Welt unter Segen versteht. Aber Gott verspricht, dass diejenigen, die ein demütiges Herz haben, Seinen Segen erleben werden. Wir Gläubigen wissen, dass dieser Segen viel wertvoller ist als alles andere auf dieser materiellen Welt. Demut ist in der Tat eine sehr wichtige Eigenschaft im Leben eines Christen.

Gottes Absichten mit uns im Tal der Demut

Warum führt Gott seine Leute ins Tal der Demut? *Erstens:* Die Tatsache, dass die Heilige Schrift die enorme Wichtigkeit der Demut betont, deutet darauf hin, dass Gott die Demut sehr hoch schätzt, den Stolz dagegen abgrundtief hasst. Dies wird durch die vielen Verheißungen in der Bibel bestätigt, wo Gott verspricht die Demütigen zu segnen und die Stolzen zu vernichten.

Zweitens: Gott führt uns Gläubige ins Tal der Demut, weil wir für den Stolz so anfällig und gegen die Demut so abgehärtet sind. Demut ist nicht Etwas, womit wir geboren werden. Wir werden stolz geboren, und weil wir ein sündiges Herz haben, liegt es nicht in unserer Natur, nach Gott zu suchen. In Psalm 10,4 steht: „Der Gottlose sagt in seinem Hochmut: »Er wird nicht nachforschen!« Alle seine Gedanken sind: »Es gibt keinen Gott«!“ Solange die Gnade Gottes nicht in unser Leben getreten ist, neigen wir von Natur aus alle dazu, Gott zu ignorieren und uns selbst zu erheben.

Glücklicherweise haben wir einen Gott, der zu gnädig und barmherzig ist, um uns unserem Stolz zu überlassen. Er weiß, dass wir alle zu einem gewissen Grad mit dieser Sünde zu kämpfen haben – manche mehr als andere – und Er will uns von unserem sündigen Stolz befreien. Wir müssen alle dringend lernen, wie wir uns vom Stolz befreien und uns mehr Demut aneignen können. Dazu gebraucht Er die Prüfungen im Tal der Demut.

Drittens: Gott lässt zu, dass wir erniedrigende Situationen erleben, weil Er unseren Glauben prüfen und festigen will. In 1.Petrus 1,6-7 steht: „Dann werdet ihr euch jubelnd freuen, die ihr jetzt eine kurze Zeit, wenn es sein muss, traurig seid in mancherlei Anfechtungen, damit die Bewährung eures Glaubens … Lob, Ehre und Herrlichkeit zur Folge habe bei der Offenbarung Jesu Christi.“

Unser Glaube wird nur dann stärker, wenn er ausgeübt und getestet wird.

Viertens: Gott führt uns ins Tal der Demut, weil er die Prüfungen in unserem Leben dazu gebrauchen will, in uns Geduld zu bewirken, damit „ihr vollkommen und vollständig seid und es euch an nichts mangelt" (Jakobus 1,2-4). Und außerdem lässt uns Gott laut 2.Korinther 12,7-10 demütigende Erfahrungen machen, weil wir dadurch lernen uns stärker auf seine völlig ausreichende Gnade zu verlassen. Wie Paulus schreibt: „Darum will ich mich am liebsten vielmehr meiner Schwachheiten rühmen … um des Christus willen; denn wenn ich schwach bin, dann bin ich stark."

Wie schmerzhaft und entmutigend das Tal der Demut auch sein mag, so können wir doch unsere Freude bewahren, wenn wir unsere Gedanken auf das Gute richten, das Gott dort bewirkt, und so seine Absichten verstehen. Genau das meint Jakobus damit, wenn er schreibt: „Meine Brüder, achtet es für lauter Freude, wenn ihr in mancherlei Anfechtungen geratet, da ihr ja wisst, dass die Bewährung eures Glaubens standhaftes Ausharren bewirkt." (Jakobus 1,2-3) Letztendlich werden wir unserem Herrn Jesus Christus immer ähnlicher, wenn wir in der Demut wachsen, und das ist ein großes Privileg!

Eine wichtige Warnung

Im weiteren Verlauf dieses Kapitels und in den nächsten Kapiteln werden wir über drei wichtige Aspekte der Demut nachdenken: Ihre Definition, wie sie sichtbar wird und wie man sie entwickeln kann. Bevor wir aber weitermachen, ist es von allerhöchster Wichtigkeit, dass wir uns vornehmen, diese Studie über Stolz und Demut nicht zu einer reinen Kopfsache zu machen. Vielmehr sollten wir uns immer wieder ehrlich fragen, ob in unserem Herzen Stolz vorhanden ist, damit wir darüber Buße tun können. Gleichzeitig sollten wir jeden Tag nach Möglichkeiten suchen, wie wir Demut in die Praxis umsetzen können. Vor allem aber sollten wir Gott darum bitten, uns das Verlangen und die Entschlossenheit zu schenken auf diesem Gebiet eifrig an uns selbst zu arbeiten.

Was ist Demut?

Wir werden die Demut definieren, indem wir erst einmal das Gegenteil von Demut erklären: Stolz. Was ist Stolz? Stolz zeigt sich darin, dass wir die Ehre, Vorrechte, Privilegien, Rechte und Macht uns selbst zuschreiben und für uns beanspruchen, die Gott allein zustehen. Folglich ist er die Wurzel und der Kern der Sünde und ist im Grunde nichts Anderes als Götzendienst der eigenen Person. Ein stolzer Mensch hat sich selbst auf Gottes Platz gesetzt.

Demut ist demnach eine Grundhaltung, bei der wir unsere persönliche Bedeutungslosigkeit und Unwürdigkeit vor Gott erkennen und Ihm höchste Ehre, Lob, Vorrechte, Rechte, Privilegien, Anbetung, Hingabe, Macht, Unterordnung und Gehorsam zuerkennen, die Er allein verdient. Dazu gehört auch, dass unser Denken und Handeln diese Einstellung ganz natürlich und gewohnheitsmäßig zum Ausdruck bringen. Das heißt: Eine demütige Haltung wird in demütigen Handlungen sichtbar. Das bedeutet zu denken wie ein Diener und sich selbst immer auf den letzten Platz zu stellen.

Nachdem wir jetzt die Demut im Allgemeinen definiert haben, wollen wir nun jeden einzelnen Aspekt dieser Definition betrachten, damit wir diese wichtige Eigenschaft noch besser verstehen können. Je mehr wir im Einzelnen begreifen, was wahre Demut eigentlich ist, desto besser werden wir verstehen, wie fehlerhaft wir sind und wie dringend wir mehr Demut in unserem Leben brauchen.

Erstens: **Ein wirklich demütiger Mensch ist sich stets bewusst, wie bedeutungslos er von Natur aus im Vergleich zu Gott ist.** Bei Abraham wurde diese Haltung deutlich, als er sagte: „Ach siehe, ich habe es gewagt, mit dem Herrn zu reden, obwohl ich nur Staub und Asche bin!" (1.Mose 18,27) Abraham war sich zutiefst bewusst, dass sein Wissen und Begreifen im Vergleich zu der Weisheit Gottes absolut bedeutungslos war. Auch bei Hiob wird dieser Aspekt der Demut sichtbar. Nachdem Gott ihn durch schwere Prüfungen geführt hatte, sagte er: „Siehe, ich bin zu gering; was soll ich dir erwidern? Ich will meine Hand auf meinen Mund legen!" (Hiob 40,4) Hiob sah endlich ein, dass Gott uns Menschen unendlich weit überlegen ist.

Demütige Menschen erkennen ihre Unwissenheit, Schwäche und Bedeutungslosigkeit. Sie wissen, dass, wenn in Gottes Augen „die

Nationen sind wie ein Tropfen am Eimer" (Jesaja 40,15), dann sind sie noch viel, viel weniger wert. Sie erkennen, wie mangelhaft ihre eigenen Fähigkeiten sind. Sie verstehen, dass Gott allein allwissend, allgegenwärtig, allmächtig, voller Weisheit, Gnade, Wahrheit und Gerechtigkeit ist. Sie begreifen, dass sie in allen Dingen wie Weisheit, Gesundheit, Sicherheit und sogar der Fähigkeit zum Gehorsam völlig von Gott abhängig sind. Genau genommen sind wir erst durch die Gnade Gottes in der Lage überhaupt irgendetwas zu tun, das Ihm gefallen könnte.

Außerdem sind sich demütige Leute auch ihrer mangelnden Bedeutung und dessen bewusst, dass sie kein Recht haben, über irgendjemanden Macht auszuüben. Gottes Größe hingegen und Sein absolutes Recht, über alles zu herrschen, ist ihnen sehr genau bewusst. Das heißt, dass wahrhaft demütige Menschen sich ganz unter die Autorität Gottes beugen. Sie tun alles so, wie Gott es befiehlt oder verbietet, ohne es zu hinterfragen, weil sie die Schöpfer-Geschöpf-Ordnung anerkennen. Gott ist der Schöpfer und wir sind seine Geschöpfe.

Zweitens: **Ein wirklich demütiger Mensch hat ein beständiges Gefühl der moralischen Bedeutungslosigkeit und Sündhaftigkeit im Vergleich zu Gott.** Dieses Gefühl zeigte Jesaja, als er sagte: „Da sprach ich: Wehe mir, ich vergehe! Denn ich bin ein Mann mit unreinen Lippen und wohne unter einem Volk, das unreine Lippen hat." (Jesaja 6,5) Auch der Zöllner in Lukas 18,13 ließ diesen Aspekt der Demut erkennen, als er in einiger Entfernung zum Altar stehen blieb. Er wagte es nicht einmal zum Himmel aufzusehen, schlug sich an die Brust und sagte: „Gott, sei mir Sünder gnädig!"

Mit anderen Worten: Eine wahrhaft demütige Person schätzt ihre Wertlosigkeit vor Gott korrekt ein. In 1.Mose 32,11 drückt Jakob diese demütige Geisteshaltung aus, als er sagt: „Ich bin zu gering für alle Gnade und Treue, die du an deinem Knecht bewiesen hast..." Auch David gab zu unwürdig zu sein, als er fragte: „Wer bin ich, Herr, du [mein] Herr, und was ist mein Haus, dass du mich bis hierher gebracht hast?" (2.Samuel 7,18) In der Tat lesen wirklich demütige Menschen einen Abschnitt wie Römer 3,10-18 und denken sich: „Das bin ich! Das ist mein Herz, das hier beschrieben wird!":

Wie geschrieben steht:
Es ist keiner gerecht, auch nicht einer;
es ist keiner, der verständig ist, der nach Gott fragt.
Sie sind alle abgewichen, sie taugen alle zusammen nichts;
da ist keiner, der Gutes tut, da ist auch nicht einer!
Ihre Kehle ist ein offenes Grab, mit ihren Zungen betrügen sie,
Otterngift ist unter ihren Lippen;
ihr Mund ist voll Fluchen und Bitterkeit,
ihre Füße eilen, um Blut zu vergießen;
Verwüstung und Elend bezeichnen ihre Bahn,
und den Weg des Friedens kennen sie nicht.
Es ist keine Gottesfurcht vor ihren Augen.

Drittens: **Ein Mensch, der wirklich demütig ist, hat eine theozentrische Denkweise.** Ein Mensch, der theozentrisch denkt, stellt Gott in den Mittelpunkt aller seiner Fragen. Gott ist sein Herr. Im Gegensatz dazu hat eine stolze Person eine anthropozentrische Haltung, bei der der Mensch im Zentrum aller Dinge steht. Genauer gesagt ist das eigene Ich stets im Mittelpunkt eines stolzen Menschen. Er ist sein eigener Herr und jeder und alles Andere ist nur dazu da, ihm zu gefallen und seine Bedürfnisse zu stillen. Folglich nimmt er den Thron seines eigenen Herzens für sich in Anspruch und verehrt sich selbst. Und nicht nur das, er erwartet, dass auch alle anderen Menschen ihn verehren.

Der Demütige hingegen hat eine dienende Haltung. Sein Wunsch ist es, Gott beständig zu ehren, zu lieben und Ihm zu dienen, und er zeigt diese Einstellung, indem er andere Menschen liebt und ihnen dient. Er würde eher sich selbst verleugnen als sich über andere zu erheben oder sich von anderen erhöhen zu lassen. Er hat die gleiche Gesinnung wie Christus, der sagte: „Gleichwie der Sohn des Menschen nicht gekommen ist, um sich dienen zu lassen, sondern um zu dienen und sein Leben zu geben als Lösegeld für viele.“ (Matthäus 20,28)

Viertens: **Eine Person, die wirklich demütig ist, gesteht Gott Ehre, Lob, Rechte und Privilegien zu.** Sie verehrt und verherrlicht Gott allein, wie Jesus in Matthäus 4,10 sagt: „Denn es steht geschrieben: »Du sollst den Herrn, deinen Gott, anbeten und ihm allein dienen!«" Ein demütiger Mensch ist Gott treu ergeben wie niemandem sonst in seinem Leben. Er erkennt Gott als höchste Autorität über alle Bereiche seines Leben an. Was Gott ihm sagt, das tut er.

Der demütige Mensch erkennt auch, dass alles Gute, das er hat, aus der Hand Gottes kommt. Er weiß, dass Gott der Ursprung aller Dinge, die Grundlage aller Dinge und das Ziel alle Dinge ist. Er sagt mit Paulus: „Denn von ihm und durch ihn und für ihn sind alle Dinge; ihm sei die Ehre in Ewigkeit! Amen." (Römer 11,36) Ihm ist klar, dass es für ihn ein großes Vorrecht ist, dass er alles in seinem Leben zur Ehre Gottes tun kann. Denn Er allein ist würdig.

Persönliche Einschätzung

Wenn es uns wirklich ein Anliegen ist demütiger zu werden, müssen wir bereit sein, uns die Zeit zu nehmen, uns entsprechend dieser Definition ehrlich zu überprüfen und einzuschätzen. Sind wir überwältigt von unserer natürlichen Bedeutungslosigkeit vor dem Allmächtigen Gott? Ist es uns schmerzlich bewusst, dass wir vor einem Heiligen Gott sündig und unwürdig dastehen? Steht Gott ständig im Mittelpunkt unserer Gedanken, Wünsche, Worte und Taten? Ist unsere Haltung so, dass wir Ihm allein Ehre erweisen, Lob spenden, unsere Hingabe schenken und Gehorsam leisten?

Eine ehrliche Beurteilung unserer Herzen wird zweifelsfrei herausstellen, dass wir in all diesen Punkten versagen. Keiner von uns ist wirklich so demütig, wie er sein sollte, und ganz frei von Stolz. Weil ich dem zustimme, dass der Stolz die erste Sünde ist, die sich regt, wenn wir geboren werden, und als letzte verschwindet, wenn wir sterben, und weil die Demut so eine wichtige aber vergessene und unbeachtete Tugend ist, möchte ich dich ermutigen, den Inhalt dieses Buches wissbegierig und erwartungsvoll zu studieren und dann umzusetzen. John Bunyan lag in der Pilgerreise biblisch genau richtig damit, dass jeder Christ auf seinem Weg durch die Wüste dieser Welt zum Himmel einmal das Tal der Demut durchqueren muss und wird. Gelobt sei Gott, dass Er uns so sehr liebt und uns demütigt, um uns von unserem furchtbaren Stolz zu befreien!

ÜBUNGSAUFGABEN ZUR ANWENDUNG / DISKUSSION

1. Welche biblische Begründung gibt es dafür, dass die Demut einen wichtigen Teil des Glaubenslebens ausmacht?

2. Wie wird die Demut in diesem Kapitel definiert?

3. Wie beschreibt dieses Kapitel einen wahrhaft demütigen Menschen?

4. Bist du ein Mensch, der eine egoistische Einstellung zum Leben hat? Wie häufig denkst du an dich selbst und daran, dass andere dir dienen, dich respektieren und dir gefallen sollten?

[ ] häufig [ ] manchmal [ ] selten [ ] nie

5. Wie oft kritisierst, verurteilst oder bestrafst du andere – wenn sie dich nicht respektieren oder dich nicht zufriedenstellen – dafür, dass sie dich nicht so behandeln, wie du es „verdienst"?

[ ] häufig [ ] manchmal [ ] selten [ ] nie

6. Wie häufig hast du eine Gott-zentrierte Lebensanschauung?

[ ] häufig [ ] manchmal [ ] selten [ ] nie

7. Wie oft denkst du darüber nach, wie du anderen dienen, sie zufriedenstellen oder ermutigen kannst?

[ ] häufig [ ] manchmal [ ] selten [ ] nie

8. Wie häufig stellst du deine eigenen Wünsche, Vergnügungen oder Bedürfnisse zu Gunsten anderer zurück?

[ ] häufig [ ] manchmal [ ] selten [ ] nie

9. Nenne einige Beispiele, wo du anderen gedient, ihnen zu gefallen versucht oder sie ermutigt hast, ohne auf eine Gegenleistung zu hoffen.

Kapitel 2
Demut Gott gegenüber

Im Leben eines Christen führt der Weg nach oben erst einmal nach unten. Jesus sagte: „Denn jeder, der sich selbst erhöht, wird erniedrigt werden; und wer sich selbst erniedrigt, der wird erhöht werden.“ (Lukas 14,11) In der Einleitung zu diesem Buch habe ich die „vier *E*“ vorgestellt – die *Erklärung* von Stolz und Demut, die *Erkennbarkeit* von Stolz und Demut, die *Entfaltung* der Demut und die *Eindämmung* des Stolzes – dabei stand die Erklärung der Demut im Vordergrund. Im Umkehrschluss definierten wir auch die Bedeutung von Stolz, dem Gegenstück zu Demut.

In diesem Kapitel wollen wir darüber nachdenken, wie man Demut erkennen kann, und die folgende Frage beantworten: Wie äußert sich unsere Demut in unserer Haltung und unserem Verhalten Gott gegenüber? Im nächsten Kapitel werden wir überlegen, wie sich die Demut auf unser Verhältnis zu anderen Menschen auswirkt.

Zehn Anzeichen für wahre Demut

Wahre Demut Gott gegenüber zeigt sich erstens dadurch, dass wir offen und ehrlich zugeben vor Gott unbedeutend und sündig zu sein. David bekennt dies in Psalm 8,5: „Was ist der Mensch, dass du an ihn gedenkst, und der Sohn des Menschen, dass du auf ihn achtest?“ Das heißt: Der Demütige ist über die Tatsache ehrlich erstaunt, dass der Schöpfer des Universums – der Höchste und Heilige, der Allmächtige Gott – sich um ihn kümmert oder überhaupt Notiz von ihm nimmt.

Paulus zeigt diese Art von Demut, wenn er schreibt: „Glaubwürdig ist das Wort und aller Annahme wert, dass Christus Jesus in die

Welt gekommen ist, um Sünder zu retten, von denen ich der größte bin." (1.Timotheus 1,15) Die meisten von uns halten Paulus für einen großen Diener des Herrn, doch er konnte diese Aussage machen, weil er sich selbst am besten kannte. Da er sein eigenes Herz kannte, konnte Paulus sagen, er sei der größte aller Sünder und seine Errettung nichts anderes als ein Zeugnis der wunderbaren Gnade Gottes. „Aber darum ist mir Erbarmung widerfahren, damit an mir zuerst Jesus Christus alle Langmut erzeige, zum Vorbild für die, die künftig an ihn glauben würden zum ewigen Leben." (1.Timotheus 1,16)

Doch damit nicht genug; das Einzige, womit Paulus jemals prahlen würde, war das Kreuz Christi: „Von mir aber sei es ferne, mich zu rühmen, als nur des Kreuzes unseres Herrn Jesus Christus, durch das mir die Welt gekreuzigt ist und ich der Welt." (Galater 6,14) Ein Mensch wie Paulus, der wirklich demütig ist, wird sich selbst nie für würdig halten, irgendetwas aus der Hand Gottes in Empfang zu nehmen.

Diese Haltung hatte auch die kanaanäische Frau, die in Matthäus 15 zu Jesus kam und ihn bat: „Erbarme dich über mich, Herr, du Sohn Davids! Meine Tochter ist schlimm besessen!" (15,22) Nachdem sie das gesagt hatte, schien Jesus sie solange zu ignorieren, bis seine Jünger ihn drängten sie wegzuschicken. „Er aber antwortete und sprach: Ich bin nur gesandt zu den verlorenen Schafen des Hauses Israel. Da kam sie, fiel vor ihm nieder und sprach: Herr, hilf mir! Er aber antwortete und sprach: Es ist nicht recht, dass man das Brot der Kinder nimmt und es den Hunden vorwirft. Sie aber sprach: Ja, Herr; und doch essen die Hunde von den Brosamen, die vom Tisch ihrer Herren fallen!" (Matthäus 15,24-27)

In seiner Weisheit und Gnade erinnerte Jesus diese Frau daran, dass sie vor ihm völlig unwürdig war. Die meisten von uns hätten wohl eine wütende Antwort gegeben oder wären sofort weggegangen, wenn sie jemand in der Öffentlichkeit als „Hund" bezeichnet hätte. Es ist jedoch bemerkenswert, dass diese Frau nicht mit sündigem Stolz reagierte, sondern vor Jesus und allen anderen Anwesenden demütig zugab, dass sie tatsächlich unwürdig war, und Jesus weiterhin um Gnade anflehte. Was für ein Beispiel echter Demut!

Außerdem geben wirklich demütige Menschen offen zu, dass

alles Gute, das sie tun, von Gott kommt. Sie wollen keinerlei Anerkennung für ihre Leistungen. In 2.Korinther 3,5 gibt Paulus zu: „... nicht, das wir von uns selber aus tüchtig wären, so dass wir uns etwas anrechnen dürften, als käme es aus uns selbst, sondern unsere Tüchtigkeit kommt von Gott." In 1.Korinther 3,6-7 gibt er Gott die ganze Ehre für seinen Dienst: „Ich habe gepflanzt, Apollos hat begossen, Gott aber hat das Gedeihen gegeben. So ist also weder der etwas, welcher pflanzt, noch der, welcher begießt, sondern Gott, der das Gedeihen gibt."

Zweitens zeigt sich Demut Gott gegenüber dadurch, dass man sich niemals auf sich selbst verlässt, sondern sich in allen Dingen vollständig von Gott abhängig macht. Eine wahrhaft demütige Person stimmt Jeremia 17,9 zu: „Überaus trügerisch ist das Herz und bösartig; wer kann es ergründen?" Sie beachtet auch die Warnung in Sprüche 28,26: „Wer sich auf sein eigenes Herz verlässt, ist ein Narr..." Die wirklich Demütigen wissen, dass alle Weisheit von Gott kommt, und lassen sich von Ihm belehren. Ihrer eigenen Meinung gegenüber sind sie dagegen zutiefst misstrauisch. In Römer 3,4 heißt es: „Vielmehr erweist sich Gott als wahrhaftig, jeder Mensch aber als Lügner..." Anstatt ihre eigene Meinung oder die Meinung anderer Menschen über die Sichtweise eines allwissenden, allweisen Gottes zu erheben, geben demütige Leute zu, dass Menschen sich oft irren, Gott aber immer Recht behält. In Jesaja 2,22 werden wir ermahnt: „So lasst nun ab von dem Menschen, der nur Hauch in seiner Nase hat; denn wofür ist er zu achten?" Ein wirklich demütiger Mensch verlässt sich niemals auf sich selbst.

Gott tadelte die Israeliten immer wieder dafür, dass sie sich auf sich selbst verließen anstatt ihm zu vertrauen. In Jesaja 9,7-11 finden wir folgende Aussage des Herrn:

Ein Wort hat der Herr gegen Jakob gesandt,
und es soll in Israel niederfallen.
Das ganze Volk soll es erkennen,
Ephraim und die Bewohner von Samaria,
die im Stolz und Übermut des Herzens sagen:
Die Ziegelsteine sind eingestürzt,

wir aber wollen mit Quadern aufbauen;
die Maulbeerbäume wurden abgehauen,
wir aber wollen Zedern an ihre Stelle setzen!
Doch der Herr hat die Feinde Rezins ihm überlegen gemacht
und seine Gegner aufgestachelt,
die Aramäer von vorn und die Philister von hinten,
und sie sollen Israel mit vollem Maul fressen. –
Bei alledem hat sich sein Zorn nicht abgewandt;
seine Hand bleibt ausgestreckt.

Die Kinder Israel vertrauten auf ihre eigenen Mittel und ihre eigene Kraft, um ihre Städte wieder aufzubauen. Sie prahlten damit, dass sie alles noch besser und größer bauen könnten, aber Gott sah ihre stolzen und unabhängigen Herzen und bestrafte sie dafür. Er sandte andere Völker, um sie zu zerstören, weil sie nicht einsehen wollten, dass sie in jeder Hinsicht von Ihm abhängig waren.

In unserer Welt sehen wir oft, dass manche Menschen weit höher geachtet werden als alle anderen, besonders solche, die man für die Mächtigsten, Reichsten, Intelligentesten oder Begabtesten hält. Jeremia 9,22 warnt uns vor der Sinnlosigkeit solchen Denkens: „So spricht der Herr: Der Weise rühme sich nicht seiner Weisheit und der Starke rühme sich nicht seiner Stärke, der Reiche rühme sich nicht seines Reichtums…“ All diese Dinge sind nur Geschenke des allmächtigen Gottes, dessen Macht unbegrenzt ist, dem das ganze Universum zur Verfügung steht und dessen Weisheit und Kreativität für uns unbegreiflich sind.

Wir haben in der Tat nichts weiter vorzuweisen als dies: „… sondern wer sich rühmen will, der rühme sich dessen, dass er Einsicht hat und mich erkennt, dass ich der Herr bin, der Barmherzigkeit, Recht und Gerechtigkeit übt auf Erden! Denn daran habe ich Wohlgefallen, spricht der Herr.“ (Jeremia 9,23) Wir als einfache Kreaturen, aus Staub gemacht, deren Leben nicht mehr ist als ein Atemzug, dürfen den allmächtigen Gott kennen und verstehen – das ist etwas, womit man angeben kann! Man beachte aber, dass hiermit zu prahlen große Demut erfordert, weil man zugeben muss – und das zu Recht – dass man ein Nichts ist.

Als wahrhaft demütige Menschen müssen wir uns ganz auf Gott verlassen – immer und überall. Ich glaube, dies ist der Grund, warum Gott es manchmal zulässt, dass wir von anderen enttäuscht werden. Wenn andere Leute ihre Versprechen brechen oder uns sonst irgendwie enttäuschen, sind wir gezwungen, uns an Gott zu wenden und werden daran erinnert, dass es unklug ist, unser Vertrauen auf Menschen zu setzen. Beachte die Worte Jeremias:

> So spricht der Herr:
> Verflucht ist der Mann, der auf Menschen vertraut
> und Fleisch zu seinem Arm macht,
> und dessen Herz vom Herrn weicht!
> Er wird sein wie ein kahler Strauch in der Einöde;
> er wird nichts Gutes kommen sehen,
> sondern muss in dürren Wüstenstrichen hausen,
> in einem salzigen Land, wo niemand wohnt.
> Gesegnet ist der Mann, der auf den Herrn vertraut
> und dessen Zuversicht der Herr geworden ist!
> Denn er wird sein wie ein Baum, der am Wasser gepflanzt ist
> und seine Wurzeln am Bach ausstreckt,
> der die Hitze nicht fürchtet, wenn sie kommt,
> sondern seine Blätter bleiben grün;
> auch in einem dürren Jahr braucht er sich nicht zu sorgen,
> und er hört nicht auf, Frucht zu bringen. (Jeremia 17,5-8)

Wenn wir demütig unser ganzes Vertrauen auf Gott setzen, werden wir merken, dass wir von Ihm kontinuierlich versorgt und gesegnet werden. Verlassen wir uns aber auf andere Menschen, werden wir oft feststellen, dass wir in schwierigen Zeiten allein gelassen werden. Nur Gottes Kraft, Seine Fürsorge, Sein Trost und Seine Weisheit ändern sich nie. Er ist der Strom, der niemals austrocknet und uns zu jeder Zeit Kraft gibt.

Drittens zeigt sich wahre Demut Gott gegenüber dadurch, dass wir auf jede Anerkennung für unsere guten Taten verzichten und Gott die ganze Ehre geben. In Psalm 115,1 heißt es: „Nicht uns, o Herr, nicht uns, sondern deinem Namen gib Ehre, um deiner Gnade und Treue willen!" Und in 1.Korinther 4,7 erinnert Paulus seine Leser daran, dass alles, was sie besitzen, von Gott kommt: „Denn wer gibt dir den Vorzug? Und was besitzt du, das du nicht empfangen hast? Wenn du es aber empfangen hast, was rühmst du dich, als ob du es nicht empfangen hättest?"

Sind wir letztlich selbst dafür verantwortlich, wenn wir talentierter sind als andere? Nein. Sind unsere Eltern dafür verantwortlich? Nein. Gott hat uns erschaffen und uns mit allen Gaben und Fähigkeiten ausgestattet, die wir besitzen. Unser Talent, unseren Besitz, unsere Intelligenz, unsere Persönlichkeit, unsere Beziehungen und alles andere, womit wir gesegnet worden sind, haben wir von Gott. Paulus drückt es so aus: „Aber durch Gottes Gnade bin ich, was ich bin…" (1.Korinther 15,10)

Hiob war ein Mann im Alten Testament, der von Gott sehr großzügig mit materiellen Gütern gesegnet worden war. Er hatte mehrere tausend Tiere, viele Diener, zehn Kinder und viele andere Besitztümer. Die Schrift sagt, dass „der Mann größer war als alle Söhne des Ostens" (Hiob 1,3). Und als ihm alles genommen wurde, gab Hiob demütig zu, dass alles, was er besessen hatte, vom Herrn gewesen war. „Und er sprach: Nackt bin ich aus dem Leib meiner Mutter gekommen; nackt werde ich wieder dahingehen. Der Herr hat gegeben, der Herr hat genommen; der Name des Herrn sei gelobt!" (Hiob 1,21)

Die Israeliten hatten oft ihre Probleme damit, Gott die Ehre für all ihren Besitz zu geben. Vierzig Jahre lang wanderten sie durch die Wüste, wobei sie Gott täglich vertrauten, dass Er sie mit allem Nötigen versorgen würde. Aber Gott wusste, dass ihre Herzen immer noch voller Stolz waren. Bevor Er sie in das verheißene Land führte, ein Land mit vielen Schätzen, warnte Gott sie davor, stolz zu werden und ihre Erinnerungen verblassen und ihr Denken verzerren zu lassen:

> Denn der Herr, dein Gott, bringt dich in ein gutes Land, in ein Land … von dem du dich nicht kümmerlich nähren musst, in dem es dir an nichts mangelt … Und wenn du gegessen hast und satt geworden bist, dann sollst du den Herrn, deinen Gott, loben für das gute Land, das er dir gegeben hat.

Hüte dich, dass du den Herrn, deinen Gott, nicht vergisst, so dass du seine Gebote, seine Satzungen und Rechtsbestimmungen, die ich dir heute gebiete, nicht hältst; damit nicht, wenn du isst und satt wirst und schöne Häuser erbaust und darin wohnst, und deine Rinder und Schafe sich mehren, und dein Silber und Gold sich mehren, und alles, was du hast, sich mehrt, [damit nicht] dann dein Herz sich überhebt und du den Herrn, deinen Gott, vergisst … und damit du nicht in deinem Herzen sagst: Meine eigene Kraft und die Stärke meiner Hand hat mir diesen Reichtum verschafft! So gedenke doch an den Herrn, deinen Gott – denn Er ist es, der dir Kraft gibt, solchen Reichtum zu erwerben…" (5.Mose 8,7-18)

Dies war eine Warnung an die Israeliten und an uns, weil wir Menschen dazu neigen, die Anerkennung für uns in Anspruch zu nehmen, die Gott allein zusteht. Wie oft heimsen wir eine unverdiente Menge Lob für gute Dinge ein, die wir besitzen oder die wir getan haben? Die Antwort muss lauten: Viel zu oft. In seiner Predigt „Die Waage der Beurteilung" beschreibt Charles Spurgeon, wie anfällig wir dafür sind, genau das zu tun, wovor wir in diesem Abschnitt aus 5. Mose gewarnt werden:

Wie viele sind durch den Reichtum schon zu Grunde gerichtet worden! Die Düfte der Beliebtheit haben schon so manchem Menschen den Verstand geraubt. Die Bewunderung durch die Menge hat Tausende zu Fall gebracht … Ich kenne viele, die Gott in ihrer Hütte zu fürchten schienen, in ihrer Villa aber vergaßen sie ihn. Solange sie ihr Brot im Schweiße ihres Angesichts verdienten, dienten sie dem Herrn und gingen in sein Haus mit Freuden. Aber ihre Scheinreligion verflog, als ihre Herden größer wurden und ihr Gold und Silber sich mehrten. Es ist keine einfache Sache, die Prüfung des Reichtums zu bestehen … Was die Stürme der Bedrängnis nie hätten bewirken können, hat die sanfte Hand und Hexerei des Reichtums erreicht … [Der Reichtum] war die Delila, die so manch einem Simson die Locken abgeschnitten und die Kraft geraubt hat. Dieser Fels ist

Zeuge davon geworden, wie viele Menschen verhängnisvollen Schiffbruch erlitten haben.

Auch in seiner Predigt „Die fruchtlose Rebe" sprach Spurgeon davon, dass wir dazu neigen, uns selbst zu ehren anstatt Gott, was sündhaft und völlig unbegründet ist:

> Oh sonderbares Rätsel, dass du, der du alles nur geliehen hast, dich selbst erhöhen solltest; dass du, der du nichts dein eigen nennst, sondern allein von der Gnade abhängig bist, stolz sein solltest; ein armer Pensionär, abhängig von der Freigiebigkeit deines Erlösers, und doch stolz; einer, dessen Leben aus den frischen Strömen des Lebens Jesu erhalten wird, und doch stolz!

„Jede gute Gabe und jedes vollkommene Geschenk kommt von oben herab, von dem Vater der Lichter, bei dem keine Veränderung ist, noch ein Schatten infolge von Wechsel." (Jakobus 1,17) Alles, was wir besitzen, ist uns geschenkt worden, und doch denken und tun wir oft so, als hätten wir die guten Dinge selbst gemacht und verdient oder als müssten wir die Anerkennung für unsere guten Taten bekommen. Warum tun wir das? Weil wir stolz sind. Und im Grunde genommen begehen wir einen Raub, wenn wir uns selbst die Ehre geben, die eigentlich Gott gebührt. Im Grunde genommen sind wir auch Lügner, weil nichts von dem Guten, das wir besitzen oder getan haben, von uns selbst kommt. Im Grunde genommen sind wir Götzendiener, weil wir uns selbst das Lob geben, das Gott allein zusteht. Ein wirklich demütiger Mensch lobt Gott und dankt Ihm für alles Gute, das er besitzt und das er getan hat.

Viertens zeigt sich Demut Gott gegenüber dadurch, dass man das Wort Gottes respektiert, es annimmt und darauf eingeht. In Jesaja 66,2 beschreibt Gott ein demütiges Herz so: „Ich will aber den ansehen, der demütig und zerbrochenen Geistes ist und der zittert vor meinem Wort." Ein Mensch, der vor dem Wort Gottes zittert, ist jemand, der Gottes Wort sehr ernst nimmt. Er hört aufmerksam zu, wenn es gesprochen wird, und geht überführt und bußfertig darauf ein, wenn er dadurch ermahnt wird. So wie Josia, König von Juda, es tat:

> Und Hilkija, der Hohepriester, sprach zu Schaphan, dem Schreiber: Ich habe das Buch des Gesetzes im Haus des Herrn gefunden! Und Hilkija übergab Schaphan das Buch, und er las es. Und Schaphan, der Schreiber, kam zum König und brachte dem König Bericht und sprach: … Der Priester Hilkija hat mir ein Buch gegeben! Und Schaphan las es vor dem König.
>
> Und es geschah, als der König die Worte des Buches des Gesetzes hörte, da zerriss er seine Kleider. Und der König gebot dem Priester Hilkija … und sprach: Geht hin und befragt den Herrn für mich und das Volk und für ganz Juda wegen der Worte dieses Buches, das gefunden worden ist! Denn groß ist der Zorn des Herrn, der gegen uns entbrannt ist, weil unsere Väter nicht auf die Worte dieses Buches gehört haben, dass sie alles getan hätten, was uns darin vorgeschrieben ist! (2.Könige 22,8-13)

Josia bewies seine Demut Gott gegenüber, indem er sich durch Sein Wort überführen ließ. Er zerriss seine Kleidung und zeigte so, dass er in seinem Herzen Beschämung und Bedauern empfand für all die Sünden, die er und sein Volk begangen hatten.

Fünftens zeigt sich Demut Gott gegenüber dadurch, dass man sich dem Willen Gottes vollständig unterordnet, selbst wenn sich Sein Wille schwierig gestaltet. Das heißt: Ein wahrhaft demütiger Mensch nimmt seine Befehle von Gott entgegen, komme, was wolle. In Psalm 119,128 steht: „Darum halte ich alle deine Befehle in allem für recht und hasse jeden Pfad der Lüge." Gleichermaßen wird ein wirklich demütiger Mensch die Wahrheit des Wortes Gottes nie infrage stellen.

Ein Mensch, der seine Befehle von Gott entgegen nimmt, wird auch nie Gottes Recht infrage stellen, die Ereignisse in seinem Leben zu bestimmen. Abraham ist ein Beispiel für eine derart demütige Person. In 1.Mose 12,1 befahl Gott Abraham: „Geh hinaus aus deinem Land und aus deiner Verwandtschaft und aus dem Haus deines Vaters in das Land, das ich dir zeigen werde!" Abraham wusste nicht, wohin er gehen sollte, und doch ging er los, weil Gott es ihm befohlen hatte.

Stell dir einmal vor, wie schwer es sein muss, seinen gesamten Haushalt zu entwurzeln und von Freunden, Familie und allem Bekannten weg an einen Ort zu ziehen, wo du noch nie gewesen bist. Es ist eine schwierige Angelegenheit unter solchen Bedingungen im Glauben loszuziehen, so gut wie jede irdische Sicherheit aufzugeben und nur zu wissen, dass Gott den Weg zeigen wird. Aber für Abraham reichte dieses Wissen aus. Er gehorchte Gott und glaubte Seinen Versprechen: „Und ich will dich zu einem großen Volk machen und dich segnen und deinen Namen groß machen, und du sollst ein Segen sein. Ich will segnen, die dich segnen, und verfluchen, die dich verfluchen; und in dir sollen gesegnet werden alle Geschlechter auf der Erde! Da ging Abram…" (1.Mose 12,2-4)

Auch Sadrach, Mesach und Abednego zeigten diese Demut, als sie gegen Nebukadnezar, den König von Babylon, Widerstand leisteten. In Daniel 3 lesen wir, wie diese drei jungen Männer sich weigerten niederzufallen und ein goldenes Bild anzubeten, obwohl sie wussten, dass sie eine harte Strafe zu erwarten hatten. Anstatt sich dem Befehl eines Menschen zu beugen, beugten sie sich dem Befehl Gottes: „Du sollst keine anderen Götter neben mir haben!" (2.Mose 20,3) Sie fügten sich dem Willen Gottes, obwohl das ihren körperlichen Tod hätte bedeuten können.

Unser Herr Jesus Christus zeigte den höchsten Grad an Demut und Gehorsam dem Willen Gottes gegenüber: „… erniedrigte er sich selbst und wurde gehorsam bis zum Tod, ja bis zum Tod am Kreuz." (Philipper 2,8). Wahre Demut zeigt sich in der Bereitschaft, sich Gottes Willen zu unterwerfen, wie schwer es auch sein mag.

Mein Schwiegervater zum Beispiel ist Rechtsanwalt und hatte einmal Klienten, denen er dabei helfen sollte, sich um den Besitz eines verstorbenen Verwandten zu kümmern. Seine Klienten waren die Begünstigten des Testaments und baten meinen Schwiegervater, etwas Illegales zu tun, damit sie nicht die gesamte Erbschaftssteuer zu zahlen brauchten. Weil ihm aber die Gesetze Gottes und seine eigene Integrität wichtig waren, weigerte sich mein Schwiegervater zu tun, was sie von ihm verlangten. Das Resultat seines Gehorsams Gott gegenüber war, dass er einige seiner langjährigen Klienten verlor.

Wenn wir Gott gehorchen, kann das unangenehme und schwerwiegende Folgen für uns haben. Aber wenn es unser Wunsch ist, einen wirklich demütigen Geist zu beweisen, müssen wir es tun. Denn Gott ist die Autorität in unserem Leben, nicht wir. Eine demütige Person unterstellt sich stets der Autorität Gottes und stellt sie nie infrage.

Sechstens zeigt sich Demut Gott gegenüber dadurch, dass man sich der Vorsehung Gottes unterwirft ohne sich zu beschweren. Wer über seine Lebensumstände nur jammert und klagt, zeigt eine stolze Geisteshaltung. Wenn man sich über seine Lebenslage beklagt, tut man dies, weil man meint, es besser verdient zu haben. Ein demütiger Mensch aber nimmt willig an, was Gott für ihn bestimmt hat. Er sagt mit Paulus: „Ich habe nämlich gelernt, mit der Lage zufrieden zu sein, in der ich mich befinde." (Philipper 4,11)

Betrachte die Worte dieses wunderbaren Liedes über Demut:

Was Gott tut, das ist wohlgetan!
Es bleibt gerecht sein Wille;
Wie er fängt meine Sachen an,
Will ich ihm halten stille.
Er ist mein Gott, der in der Not
Mich wohl weiß zu erhalten,
Drum lass' ich ihn nur walten.

Was Gott tut, das ist wohlgetan!
Er wird mich nicht betrügen,
Er führet mich auf rechter Bahn;
So lass' ich mich begnügen
An seiner Huld und hab' Geduld,
Er wird mein Unglück wenden,
Es steht in seinen Händen.

Was Gott tut, das ist wohlgetan!
Er wird mich wohl bedenken;
Er, als mein Arzt und Wundermann,
Wird mir nicht Gift einschenken,

Für Arzenei; Gott ist getreu,
Drum will ich auf ihn bauen
Und seiner Güte trauen.

Was Gott tut, das ist wohlgetan!
Er ist mein Licht und Leben,
Der mir nichts Böses gönnen kann;
Ich will mich ihm ergeben
In Freud‘ und Leid; es kommt die Zeit,
Da öffentlich erscheinet,
Wie treulich er es meinet.

Was Gott tut, das ist wohlgetan!
Muss ich den Kelch gleich schmecken,
Der bitter ist nach meinem Wahn,
Lass‘ ich mich doch nicht schrecken,
Weil doch zuletzt ich werd‘ ergötzt
Mit süßem Trost im Herzen,
Da weichen alle Schmerzen.

Was Gott tut, das ist wohlgetan!
Dabei will ich verbleiben;
Es mag mich auf die raue Bahn
Not, Tod und Elend treiben,
So wird Gott mich ganz väterlich
In seinen Armen halten,
Drum lass‘ ich ihn nur walten.

Unser Herr Jesus Christus ist in jeder Hinsicht ein großartiges Beispiel für wahre Demut, auch darin, dass man sich den Führungen Gottes fügt ohne sich zu beklagen. Obwohl Er Gott in Menschengestalt war, wird Jesus als „sanftmütig und von Herzen demütig“ (Matthäus 11,29) beschrieben. Er predigte den Menschen Seiner Zeit die wichtigste Botschaft überhaupt und tat Wunder in ihrer Mitte und trotzdem lehnten Ihn viele Menschen ab.

Obwohl das Wirken Jesu menschlich gesehen in manchen Orten

ein ziemlicher Reinfall zu sein schien, bekundet Jesus Seine Demut Gott gegenüber: „Ich preise dich, Vater, Herr des Himmels und der Erde, dass du dies vor den Weisen und Klugen verborgen und es den Unmündigen geoffenbart hast! Ja, Vater, denn so ist es wohlgefällig gewesen vor dir. Alles ist mir von meinem Vater übergeben worden..." (Matthäus 11,25-27) Demütig akzeptierte Christus die Vorsehungen Gottes, des Vaters, in Seinem Leben auf der Erde.

Siebtens zeigt sich Demut Gott gegenüber dadurch, dass man Freude daran hat, Gott zu loben und zu preisen. Ein demütiger Mensch sagt mit David: „Ich freue mich an denen, die zu mir sagen: Lasst uns zum Haus des Herrn gehen!" (Psalm 122,1) Demütige Leute sehnen sich nach gemeinsamer Anbetung und Gemeinschaft mit Gott wie der Psalmist in Psalm 42: „Wie ein Hirsch lechzt nach Wasserbächen, so lechzt meine Seele, o Gott, nach dir! Meine Seele dürstet nach Gott, nach dem lebendigen Gott: Wann werde ich kommen und vor Gottes Angesicht erscheinen?" (Psalm 42,2-3) Ein ähnlicher Wunsch wird in Psalm 84 ausgedrückt, der die Überschrift trägt „Sehnsucht nach der Anbetung im Tempel". Der Psalmist schreibt:

> Wie lieblich sind deine Wohnungen,
> o Herr der Heerscharen!
> Meine Seele verlangte und sehnte sich
> nach den Vorhöfen des Herrn;
> nun jubeln mein Herz und mein Leib
> dem lebendigen Gott zu!
> Hat doch der Sperling ein Haus gefunden
> und die Schwalbe ein Nest für sich,
> wo sie ihre Jungen hinlegen kann:
> Deine Altäre, o Herr der Heerscharen,
> mein König und mein Gott!
> Wohl denen, die in deinem Haus wohnen;
> sie preisen dich allezeit! (Psalm 84,2-5)

Sehnen wir uns so sehr danach, Gott gemeinsam mit Seinem Volk anzubeten, dass wir die Vögel beneiden, die ihre Nester in den Dachsparren unseres Kirchengebäudes bauen? So sieht die Sehnsucht eines demütigen Menschen aus, der die Notwendigkeit der Anbetung Gottes einsieht und erkennt, welch ein Vorrecht dies ist.

Achtens zeigt sich Demut Gott gegenüber dadurch, dass man fortlaufend im Gebet Gottes Gegenwart sucht. Es gibt kaum einen eindeutigeren Beweis für Stolz als den, dass man nicht betet. Die Bibel beschreibt in Psalm 10,4 verlorene und stolze Menschen: „Der Gottlose sagt in seinem Hochmut: »Er wird nicht nachforschen!« Alle seine Gedanken sind: »Es gibt keinen Gott«!“ Stolze Menschen beten nicht, aber laut dem Wort Gottes sind Demut und Gebet eng miteinander verbunden. In 2.Chronik 7,14 sagt Gott: „... und mein Volk, über dem mein Name ausgerufen worden ist, demütigt sich, und sie beten und suchen mein Angesicht.“

Wir wissen natürlich, dass Jesus ein wahrhaft demütiger Mensch war, und die Heilige Schrift bezeugt, dass Er das Angesicht des Vaters beständig im Gebet suchte. Er verbrachte oft lange Zeit im Gebet an einsamen Orten. Wenn es schon für den Sohn Gottes wichtig war, Zeit im Gebet zu verbringen, wie viel wichtiger ist es dann für uns!

Der Apostel Paulus, ein äußerst demütiger Mann, verbrachte auch viel Zeit im Gebet. Fast jeder Brief an die Gemeinden beginnt mit einem Hinweis darauf, dass er für das Volk Gottes betete. Er ermahnte seine Leser zum ständigen Gebet und bat um ihre Fürbitte für sich selbst. In der Tat schrieb Paulus alles, was er in seinem Dienst erreicht hatte, den Gebeten des Volkes Gottes zu: „... wobei auch ihr mitwirkt durch eure Fürbitte für uns, damit wegen der von vielen Personen für uns [erbetenen] Gnadengabe auch von vielen gedankt werde um unsretwillen.“ (2.Korinther 1,11) Ein wahrhaft demütiger Mensch kommt ständig im Gebet zu Gott.

Neuntens zeigt sich Demut Gott gegenüber dadurch, dass man es als Privileg betrachtet, Christus in einer beliebigen Funktion zu dienen – ein Privileg, dessen wir nicht würdig sind und das wir nicht verdienen. Ein wirklich demütiger Mensch dient dem Herrn freudig, ungeachtet der Aufgabe, sei es zu leiten oder zu folgen, zu predigen oder den Müll raus zu tragen, Dank zu erhalten oder von allen völlig unbeachtet zu bleiben. Mose ist ein hervorragendes Beispiel, obwohl er diese Demut auf die harte Tour lernen musste.

Mose wuchs als Adoptivsohn der Tochter des Pharao am Hofe Ägyptens auf. Er erhielt die beste Ausbildung der damaligen Zeit und ihm standen alle Schätze Ägyptens zur Verfügung. Die Schrift berichtet:

> Es geschah aber zu der Zeit, als Mose erwachsen geworden war, da ging er hinaus zu seinen Brüdern und sah ihre Lasten; und er sah, dass ein Ägypter einen Hebräer schlug, einen seiner Brüder. Da schaute er sich nach allen Seiten um, und als er sah, dass kein Mensch anwesend war, erschlug er den Ägypter und verscharrte ihn im Sand. Am zweiten Tag ging er auch hinaus, und siehe, zwei hebräische Männer stritten miteinander, und er sprach zu dem Schuldigen: Warum schlägst du deinen Nächsten? Er aber sprach: Wer hat dich zum Obersten und Richter über uns gesetzt? Willst du mich auch töten, wie du den Ägypter getötet hast? (2.Mose 2,11-14)

In diesen Situationen, wo Mose sich selbst zum Beschützer und Befreier ernannte, versagte er kläglich und wurde fast umgebracht: „Und es kam vor den Pharao, und der trachtete danach, Mose umzubringen. Aber Mose floh vor dem Pharao und hielt sich im Land Midian auf. Und er setzte sich an einen Brunnen." (2.Mose 2,15)

Seine Taten führten Mose von dem Reichtum Ägyptens, den er als Adoptivsohn der Tochter des Pharao genoss, ins Land Midian, wo er bestimmt mit sehr dürftiger und einfacher Kost vorlieb nehmen musste. Das muss für Mose eine sehr demütigende Erfahrung gewesen sein.

Wir sehen, dass Mose seine Lektion in der Wüste gelernt hat, wenn wir betrachten, wie er in 2.Mose 3 auf Gott reagiert. Dort erschien ihm Gott in einem brennenden Busch und befahl ihm, die Israeliten aus Ägypten herauszuführen. Während ein stolzer Mensch diesen Auftrag begierig angenommen hätte, weigerte sich Mose zu glauben, dass er würdig war, diese Aufgabe zu übernehmen. Er antwortete Gott: „Wer bin ich, dass ich zum Pharao gehen, und dass ich die Kinder Israels aus Ägypten führen sollte?" (3,11)

Auch Paulus erkannte, dass Christus zu dienen ein Privileg war, das er nicht verdiente. In 2.Korinther 2,16 schreibt er: „... den einen ein Geruch des Todes zum Tode, den anderen aber ein Geruch des Lebens zum Leben. Und wer ist hierzu tüchtig?" Paulus wusste, dass er in seinem Dienst zeitweise versagte, weil einige Leute seine Predigten ablehnten. Ein stolzer Mensch hätte seine Probleme damit gehabt, den Mut nicht zu verlieren, weil er denken würde, dass er es verdient hätte gehört zu werden.

Andere gingen auf die Botschaft des Paulus ein und nahmen sie mit Freuden an. Sie wandten sich Christus zu und ihr Leben wurde verändert. Ein stolzer Mensch würde sich für einen solchen Erfolg verantwortlich fühlen und über die Auswirkungen seines Dienstes jubeln. Aber Paulus ließ sich weder von Fehlschlägen entmutigen noch vom Erfolg berauschen. Er zeigte seine Demut, indem er zugab, dass er es nicht verdiente, Christus dienen zu dürfen.

Wahrlich demütige Menschen dienen Christus, egal welche Aufgabe sich ihnen stellt. Sie sind genauso bereit, anderen die Füße zu waschen wie andere anzuleiten, weil sie zu ihrer Arbeit eine demütige und göttliche Einstellung haben. Betrachte folgendes Beispiel: Drei Männer arbeiteten am Bau eines Kirchengebäudes. Jemand kam zu den Männern und fragte: „Was tut ihr?" Der erste Mann antwortete: „Ich lege Steine." Der zweite sagte: „Ich verdiene Geld, um Essen auf den Tisch zu bringen." Der dritte antwortete: „Ich errichte ein Gebäude, in dem Menschen Gott anbeten und sich gegenseitig helfen werden."

Alle drei Männer taten das gleiche, aber die Einstellung zu ihrer Arbeit war ganz unterschiedlich. Ein demütiger Mensch kann anderen die Füße waschen und echte Freude an seiner Arbeit haben, weil er alles zur Ehre Gottes tut. Ein stolzer Mensch hingegen wird durch niedere Tätigkeiten entmutigt und gelangweilt, weil er meint, er verdiene es, etwas Wichtigeres zu tun. In Wahrheit jedoch bekommen wir im Leben genau die Aufgabe, die Gott uns zuteilt, und es ist unser Privileg, sie zu Seiner Ehre auszuführen.

Betrachte das Beispiel Jeremias, des Propheten des Herrn im Alten Testament. Gott kam zu Jeremia und sagte ihm, dass Er durch ihn ein Urteil über Sein Volk sprechen würde. Gott befahl Jeremia sich zu stärken und sich nicht vor dem Volk zu fürchten. Denn Jeremia würde für das Volk ein Hindernis darstellen und es würde gegen ihn kämpfen:

> Du aber, gürte deine Lenden, mache dich auf und rede zu ihnen alles, was ich dir gebieten werde! Sei nicht verzagt vor ihnen, damit ich dich nicht vor ihnen verzagt mache! Siehe, ich mache dich heute zu einer festen Stadt und zu einer eisernen Säule und zu einer ehernen Mauer gegen das ganze Land, gegen die Könige von Juda, gegen ihre Fürsten, gegen ihre Priester und gegen das Volk des Landes; sie werden zwar gegen dich kämpfen, aber sie werden dich nicht überwältigen; denn ich bin mit dir, spricht der Herr, um dich zu erretten! (Jeremia 1,17-19)

Im Wesentlichen sagte Gott Jeremia, dass Er ihm einen undurchführbaren Auftrag erteilte. Er sollte das Volk Gottes zur Umkehr aufrufen und sie für ihren Ungehorsam rügen, aber sie würden ihn und seine Botschaft ablehnen.

Wie war Jeremias Reaktion? Demütig nahm er seinen Auftrag vom Herrn an und ging. Er predigte Leuten, denen es gleichgültig war, was er zu sagen hatte, und die ihn für seine Botschaft sogar schikanierten. Wirklich demütige Menschen sehen es als Vorrecht an, Christus in einer beliebigen Funktion zu dienen – ein Vorrecht, das sie nicht verdienen.

Zehntens und letztens zeigt sich Demut Gott gegenüber dadurch, dass man bereit ist, Gottes unendliche Weisheit und Erkenntnis anzuerkennen. Während Hiob geprüft wurde, gab es eine Zeit, in der er diese Demut nicht besaß. In Hiob 23,1-5 lesen wir: „Da antwortete Hiob und sprach: Auch heute noch ist meine Klage bitter; die Hand, die mich trifft, presst mir schwere Seufzer aus! O dass ich wüsste, wo ich ihn fände, dass ich bis zu seinem Thron gelangen könnte! Ich würde ihm [meine] Rechtssache vorlegen und meinen Mund mit Beweisen füllen. Ich möchte wissen, was er mir antworten, und erfahren, was er zu mir sagen würde.“ Anders ausgedrückt: Hiob wollte einige Antworten von Gott. Er wollte mit Gott debattieren und argumentieren und Ihm einige Fragen zu seiner Situation stellen. Gott ließ Hiob eine Zeitlang gewähren, dass er Fragen stellte und Antworten verlangte. Doch dann antwortete Gott Hiob in Kapitel 38

> … aus dem Gewittersturm und sprach:
> Wer verfinstert da den Ratschluss mit Worten ohne Erkenntnis?
> Gürte doch deine Lenden wie ein Mann!
> Ich will dich fragen, und du sollst mich belehren!
> Wo warst du, als ich den Grund der Erde legte?
> Sprich es aus, wenn du Bescheid weißt!
> Wer hat ihre Maße bestimmt? Weißt du das?
> Oder wer hat die Messschnur über sie ausgespannt? (Hiob 38,1-5)

Gott nahm Hiob lange ins Verhör und machte ihm unmissverständlich klar, dass Hiob absolut kein Recht hatte, den Einen zur Rede zu stellen, der das Universum erschaffen hatte. Genauso wenig wie Gott die Weisheit und den Rat eines Menschen gebraucht hatte, um Ordnung im Universum zu schaffen, genauso wenig hat Er es nötig, sich vor Menschen zu rechtfertigen oder auf den Rat von Menschen zu hören.

Als Hiob das endlich begriff, war er bis ins Innerste gedemütigt. Er sagte zu Gott: „Siehe, ich bin zu gering; was soll ich dir erwidern? Ich will meine Hand auf meinen Mund legen!“ (Hiob 40,4) Und später fügte er hinzu: „Vom Hörensagen hatte ich von dir gehört, aber nun hat mein Auge dich gesehen. Darum spreche ich mich schuldig und tue Buße in Staub und in Asche!“ (Hiob 42,5-6)

Hiob wurde ein Mensch, der Gottes überragende Weisheit demütig anerkannte, aber erst nach einer großen Prüfung. Stolze Menschen verlangen Antworten – so wie Hiob. Stolze Menschen weigern sich Gottes Souveränität zu vertrauen, solange sie sie nicht verstehen können. Stolze Menschen wollen nicht zugeben, dass es viele Dinge gibt, die nur Gott erklären kann.

Es gibt nichts in unserem Leben, wofür uns Gott eine Erklärung schuldig wäre. In 5.Mose 29,28 lesen wir: „Was verborgen ist, das steht bei dem Herrn, unserem Gott; was aber geoffenbart ist, das ist ewiglich für uns und unsere Kinder bestimmt, damit wir alle Worte dieses Gesetzes tun.“ In Seiner großen Weisheit hat Gott uns ganz genau gesagt, was wir wissen sollen – viele andere Sachen wollte Er aber vor uns geheim halten. Wenn wir in unserem Leben wahre Demut beweisen wollen, müssen wir bereit sein zuzugeben, dass Gottes Weisheit und Erkenntnis der unseren unendlich weit überlegen ist.

Das Lieblingslied meiner Frau von William Cowper beschreibt diese Seite einer wirklich demütigen Person folgendermaßen:

Geheimnisvoll, gerecht und hehr
Des Höchsten Wege sind,
Er wandelt auf bewegtem Meer
Und fährt im Sturmeswind.

Des Herrn Gedanken sind sehr tief
Wie Silberminenschacht;
Was je sein Geist ins Dasein rief,
Ist wie aus Gold gemacht.

Ihr Frommen, zagt nicht so! Fasst Mut!
Die Wolke, die euch schreckt,
Wird spenden bald den Segen gut,
Der sich in ihr versteckt.

Beurteilt nicht den treuen Herrn
Nach eurem schwachen Licht!
Zuweilen hüllt in Zorn sich gern
Sein Gnadenangesicht.

Nur jemand, der wirklich demütig ist, kann dieses Lied aufrichtig singen; einem stolzen Menschen würden es seine Überzeugungen unmöglich machen, es aufrichtig zu singen. Voller Stolz verlangt so ein Mensch von Gott eine Erklärung der Geheimnisse Seiner Vorsehung und ist verärgert, wenn er sie nicht bekommt. Er will es einfach nicht wahrhaben, dass Gott das Recht hat, Seine weisen Pläne für sich zu behalten, sondern besteht darauf, dass Gott sie erklären und verständlich machen muss, wann und wie er es wünscht. Der stolze Mensch beurteilt Gott mit seinem schwachen Verstand und vertraut

Ihm und seiner Gnade nicht. Der stolze Mensch maßt sich an, Gottes Taten zu interpretieren und gestattet nicht, dass Gott sich selbst erklärt, wie und wann Er es für richtig hält. Nicht so der wahrlich demütige Mensch.

Inwieweit trifft das auf uns zu?

Wenn wir über diese zehn Punkte nachdenken, wie Demut Gott gegenüber sichtbar wird, müssen wir uns selbst überprüfen. Treffen diese Aspekte weitgehend, teilweise oder überhaupt nicht auf uns zu? Es ist zwingend erforderlich, dass wir mehr tun als nur dieses Wissen in unserem Gedächtnis zu speichern. Wir müssen uns davon überführen und verändern lassen.

Jeder von uns hat Bereiche in seinem Leben, die von Stolz bestimmt werden. Diese müssen wir erkennen und uns damit befassen und wir müssen diese Dinge ernst nehmen. Denn wir sind nur dann für das Reich Gottes brauchbar, wenn wir uns wie demütige Diener verhalten. Gott wird keine stolzen Menschen gebrauchen, um seine Absichten auszuführen, weil Er eifersüchtig über die Ehre wacht, die Ihm allein gebührt. Bevor du weiter liest, solltest du diese zehn Anzeichen der wahren Demut noch einmal durchgehen und Gott ernsthaft darum bitten, dir zu helfen Ihm gegenüber demütiger zu werden.

ÜBUNGSAUFGABEN ZUR ANWENDUNG / DISKUSSION

1. Führe an dir selbst die folgende *Wahre-Demut-Inventur* durch, die entworfen wurde, um den eigenen Stolz-Demut-Quotienten bestimmen zu können. Weil die Demut für Gott eine sehr wichtige Eigenschaft ist, wir aber für den Stolz so anfällig sind, soll diese Inventur dabei helfen, geistliches Wachstum in unserem Leben zu fördern. Lies jede einzelne Erscheinungsform der Demut durch und schätze dich selbst ehrlich ein, indem du die folgende Bewertungsskala benutzt:

4 = trifft meistens auf dich zu,
3 = trifft häufig auf dich zu,
2 = manchmal,
1 = selten,
0 = nie.

Wenn du bei dem einen oder anderen Punkt erkannt hast, dass dir in diesem Bereich die Demut fehlt, bekenne diesen Mangel vor Gott als Sünde und bitte Ihn um Hilfe dich zu ändern. Du solltest diese Inventur regelmäßig durchführen, um dein geistliches Wachstum zu beurteilen. Vielleicht möchtest du noch zusätzlich einen ehrlichen, mutigen und liebevollen Freund darum bitten, dich anhand dieser Liste zu bewerten.

Wahre-Demut-Inventur

(in Bezug auf dein Verhalten Gott gegenüber)

a) Ich gebe frei und offen zu, dass ich vor Gott klein und unbedeutend bin. ____

b) Ich gestehe Gott freimütig, dass ich sündhaft und unwürdig bin und gebe zu, dass ich Seine Gnade und Barmherzigkeit in keinster Weise verdiene. ____

c) Ich vertraue mir selber nicht (Jes. 2,22; Jer. 17,5-6) und weiß, dass ich letztendlich nur Gott völlig und ganz vertrauen kann (Jer. 17,7-8). ____

d) Ich weise die Ehre für alles Gute, das ich tue und besitze, von mir und schreibe Gott allen Ruhm und alle Ehre zu (Ps. 115,3). ____

e) Ich respektiere Gottes Wort und bin ihm gegenüber aufgeschlossen, empfänglich und gehorsam, selbst wenn es mich auffordert etwas zu tun, das mir schwer fällt und meiner eigenen Meinung oder der Meinung anderer Leute widerspricht (Luk. 9,23-24). ____

f) Ich akzeptiere den offenbarten Willen Gottes und unterstelle mich ihm, auch wenn es schwer ist und andere mich dafür kritisieren oder den Respekt vor mir verlieren könnten (Matth. 5,5.10-12). ____

g) Ich bin mit Gottes Vorsehung für mein Leben und mit Seiner täglichen Fürsorge zufrieden (Phil. 4,10-13; Heb. 13,5-6). ____

h) Ich habe Freude daran Gott zu loben und zu preisen (Ps. 34,2-4; Ps. 108,2-6; Phil. 3,3). ____

i) Ich suche Gott beständig im Gebet (Luk. 18,1; Phil. 4,6; 1.Thess. 5,17). ____

j) Ich halte es für ein großes Vorrecht Christus dienen zu dürfen, sowohl in kleinen, unbedeutenden und unbeachteten Dingen – kleinen „Diensten der Fußwaschung“ – als auch in Bereichen, die andere für wichtig halten und die Anerkennung bringen. ____

k) Es macht mir nichts aus, zuzugeben, dass Gottes Weisheit und Erkenntnis die meine bei weitem übersteigt; ich erwarte von Gott nicht, dass Er mir alles erklärt, was Er tut; ich ruhe in Seiner Weisheit und Liebe und Gnade, wenn mir der Anlass für bestimmte Ereignisse und Umstände nicht klar ist (5.Mose 29,28; Röm. 11,32-36). ____

l) Mir ist bewusst, dass Gott mir nichts schuldet als nur die Hölle, und dass alle Freuden, die ich in diesem Leben erfahren darf, ganz und gar unverdient sind. ____

m) Wenn ich Leiden oder Unannehmlichkeiten durchmache, werde ich nicht böse auf oder bitter gegen Gott; ich denke oder sage auch nicht: „Wie konnte Gott es zulassen, dass mir so etwas passiert? Gott behandelt mich nicht so gut, wie ich behandelt werden sollte. Das habe ich nicht verdient. Ich habe mich bemüht Ihm zu dienen, ich habe treu meine Bibel gelesen und gebetet, ich bin regelmäßig in die Kirche gegangen, ich habe gespendet, ich habe Zeugnis gegeben. Ich habe mich um ein sittenstrenges Leben bemüht. Gott sollte mich besser behandeln." ____

2. Welche Punkte, die in diesem Kapitel über Demut aufgeführt wurden, stellen deiner Meinung nach die größte Herausforderung bzw. Hilfe dar? Welche der zehn Erscheinungsformen wahrer Demut, die in diesem Kapitel behandelt wurden, hatte für dich die größte Bedeutung?

3. Lies die folgenden Verse und beachte, auf welche Art und Weise unser Herr Jesus Christus Seine Demut bewies: Matthäus 11,25-30; 20,25-28; Lukas 2,7; 10,21-22; Philipper 2,5-8.

4. Lies die folgenden Verse und achte darauf, welche Warnungen gegen die Stolzen und welche Versprechen an die Demütigen Gott ausspricht: Psalm 9,13; 10,17; 25,9; 149,4; Sprüche 3,34; 10,17; 15,33; 16,19; 22,4; 29,23; Jesaja 57,15; 66,1-2; Matthäus 20,26-27; 1.Petrus 5,5-7.

5. Studiere die folgenden Verse und schreibe auf, wie hier die wahre Demut sichtbar wird oder werden sollte: 2.Mose 34,5-8; 2.Könige

22,8-13; Psalm 81,2-6; 115,1-3; Apostelgeschichte 5,41-42; 10,30-33; 17,10-12; 1.Korinther 4,6-7; 15,9-10; 2. Korinther 3,4-7; Epheser 4,1; Philipper 1,10-12; Kolosser 4,12; 1.Timotheus 1,12-16; Jakobus 1,21; Offenbarung 1,12-17.

Kapitel 3
Demut anderen Menschen gegenüber
- Ein Porträt -

In unserer Welt gilt der Stolz als ein erstrebenswerter Charakterzug. Die Menschen sind stolz auf ihre Nationalität, stolz auf ihre Positionen, stolz auf ihre Sportteams und sogar stolz auf ihre besten Schüler. Die Bürger der Vereinigten Staaten sind „stolz darauf, Amerikaner zu sein". Ein bedeutender Aspekt des Lebensmottos der Homosexuellen ist Stolz. Es scheint, jeder ist stolz auf irgendetwas … und stolz darauf!

Dies wurde mir bestätigt, als ich im Internet eine Schnell-Suche zu dem Wort „Stolz" durchführte. Webseite für Webseite wurde der Stolz als etwas positives und lobenswertes präsentiert. Natürlich kann man das Wort „Stolz" im guten Sinne gebrauchen um Selbstrespekt oder eine positive Einstellung zu seiner Überzeugung zu definierten. Es wird jedoch zunehmend sichtbar, dass sich unsere Welt von der Vorstellung weit entfernt hat, dass der Stolz etwas sehr Zerstörerisches und Böses sein kann. Vielmehr hat es heute den Anschein, dass das einzige Böse, dass man mit Stolz in Verbindung bringt, darin besteht, keinen Stolz zu besitzen oder den Stolz eines anderen Menschen zu zerstören.

Wie wir bereits festgestellt haben, denkt Gott über den Stolz ganz anders als diese Welt. In Sprüche 6,16-19 erfahren wir, dass der Stolz eines des sieben Dinge ist, die Gott ein Gräuel sind. Hier noch ein paar weitere Bibelstellen, die Gottes Meinung zum Thema Stolz beschreiben:

Stolz und Übermut, den Weg des Bösen und einen verkehrten Mund hasse ich. (Sprüche 8,13)

Der Herr reißt das Haus der Stolzen nieder… (Sprüche 15,25)

Hohe Augen und ein aufgeblasenes Herz – die Leuchte der Gottlosen ist Sünde. (Sprüche 21,4)

Siehst du einen Mann, der sich selbst für weise hält, so kannst du für einen Toren mehr Hoffnung haben als für ihn! (Sprüche 26,12)

Siehe, ich komme über dich, du »Frechheit«! spricht der Herrscher, der Herr der Heerscharen … (Jeremia 50,31)

Wer sich aber selbst erhöht, der wird erniedrigt werden … (Matthäus 23,12)

Denn wenn jemand meint, etwas zu sein, da er doch nichts ist, so betrügt er sich selbst. (Galater 6,3)

Gott widersteht den Hochmütigen… (Jakobus 4,6)

Im Lauf der Kirchengeschichte haben sich auch andere bekannte Christen in gleicher Weise über den Stolz geäußert. Johannes Chrysostomos hat einmal gesagt, dass der Stolz „der Inbegriff alles Bösen" ist. Amy Carmichael, eine langjährige Missionarin in Indien, sagte: „Leute, die zu viel von sich selbst halten, denken nicht weit genug." Thomas Watson schrieb:

> Der Mensch ist von Natur aus ein stolzes Stück Fleisch. Diese Sünde liegt uns im Blut aber die Gottesfürchtigen lassen sich nicht darauf ein. Unsere Ur-Eltern sind durch ihren Stolz gefallen. Sie strebten danach Gott gleich zu sein. Der Same des Stolzes schlummert in den Besten unter uns, aber die Gottesfürchtigen lassen sich nicht darauf ein. Sie bemühen

sich die Wurzel des Stolzes durch Selbstkasteiung abzutöten. Aber dort, wo diese Sünde vorherrscht und regiert, kann sie es neben der Gnade sicher nicht aushalten. Genauso gut wie man einen Menschen mit einem Mangel an Taktgefühl als umsichtig bezeichnen kann, so könnte man auch jemanden, der keine Demut besitzt, gottesfürchtig nennen... Ein Mangel an jeder beliebigen anderen Eigenschaft ist besser als ein Mangel an Demut. Es ist besser, keine Gaben zu haben als keine Demut. Nein, es ist sogar besser, keine „Geistesgaben" zu besitzen als keine Demut zu haben.

Der große Prediger Charles Spurgeon sagte über den Stolz:

> Ich muss versuchen, Euch den Stolz zu beschreiben. Er ist die schlimmste Missbildung aller grässlichen Dinge in der gesamten Schöpfung. Er hat nichts Angenehmes an sich, keine Ausgewogenheit, sondern reines Chaos. Er ist das genaue Gegenteil davon, wie Gott seine Geschöpfe gemacht hat, nämlich rein und heilig. Der Stolz ist der Erstgeborene Sohn der Hölle. Er ist wirklich genauso wie sein Vater, ganz unsauber und widerlich und besitzt weder Gestalt noch Anstand oder Schicklichkeit. Der Stolz ist eine bodenlose Angelegenheit; er steht auf sandigem Untergrund, oder schlimmer als das: Er stellt seinen Fuß auf Rauchschwaden, die unter seinen Schritten nachgeben. Oder noch schlimmer: Er steht auf Blasen, die unter seinen Füßen sofort zerplatzen. Gerade der Stolz bietet am allerwenigsten einen festen Stand. Auf der ganzen Welt hat er keinen sicheren Felsen, um sich darauf niederzulassen. Für fast alles haben wir unsere Gründe, aber wir haben keinen Grund stolz zu sein. Stolz sollte für uns etwas ganz Unnatürliches sein, denn wir haben nichts, worauf wir stolz sein könnten.

Und C.S. Lewis hat einmal behauptet: Wenn Demut die größte christliche Tugend ist, dann ist Stolz die größte Sünde:

> Es gibt ein Laster, von dem sich kein Mensch der Welt frei-

> sprechen kann, das jeder verabscheut, wenn er es bei jemand anderem sieht. Aber kaum ein Mensch – abgesehen von Christen – kann sich vorstellen, dass er selbst diese Sünde begeht. Die Einzigen, die es nicht so sehen, sind Christen. Es gibt keine andere Schwäche, die einen noch unbeliebter machen kann, keine Schwäche, die uns noch stärker auffällt. Und je stärker wir selbst davon betroffen sind, desto mehr missfällt sie uns bei anderen. Die Lehrer des Christentums sind der Meinung, dass der Stolz das schlimmste Laster, das größte Übel ist. Unkeuschheit (Untreue), Wut, Gier, Trunkenheit und all das sind nur kleine Flohbisse im Vergleich dazu. Durch den Stolz ist der Teufel zum Teufel geworden. Stolz führt weiter zu jeder anderen Sünde. Er ist eine direkt gegen Gott gerichtete Geisteshaltung.

Die Welt mag denken, dass Stolz eine bewundernswerte Eigenschaft ist, aber das Wort Gottes und viele gottesfürchtige Lehrer des Wortes sind sich offensichtlich darin einig, dass der Stolz eine böse und abscheuliche Sache ist, die aus unserem Leben ausgerottet werden muss.

Nachdem wir im vorigen Kapitel darüber nachgedacht haben, wie sich Demut vor Gott äußert, wollen wir uns nun Gedanken darüber machen, wie Demut gegenüber anderen Menschen sichtbar wird. Mit anderen Worten: Wie beeinflusst echte Demut unsere Haltung und unser Verhalten zu anderen Menschen? Während wir die Antwort zu dieser Frage betrachten, müssen wir uns auch immer wieder eine weitere Frage stellen und ehrlich beantworten: Inwieweit treffen diese Punkte auf mich persönlich zu?

Zweifellos werden wir feststellen, dass es tatsächlich Bereiche in unserem Leben gibt, wo Stolz vorhanden ist. Wenn uns der Heilige Geist zeigt, dass wir schuldig sind und sündigen Stolz in unserem Leben dulden, müssen wir bereit sein, sofort darauf einzugehen und uns damit zu befassen. Wir müssen Buße tun, zum Kreuz gehen und unsere Sünden bekennen und Gott um Vergebung bitten. Danach müssen wir den Heiligen Geist demütig bitten, uns zu helfen und Veränderungen in unserem Leben zu bewirken.

Wie sieht ein demütiger Mensch aus?

Wie sehen andere einen Menschen, der wirklich demütig ist? Echte Demut hat viele Seiten und wir werden sie in den nächsten beiden Kapiteln genauer betrachten. Dabei werden wir versuchen, mit Worten ein Porträt von einem wahrhaft demütigen Menschen zu zeichnen.

Erstens: **Eine wahrhaft demütige Person ist nicht selbstsüchtig und ehrsüchtig gegenüber anderen Menschen.** Jakobus 3,14-16 warnt uns: „Wenn ihr aber bitteren Neid und Selbstsucht in eurem Herzen habt, so rühmt euch nicht und lügt nicht gegen die Wahrheit! Das ist nicht die Weisheit, die von oben kommt, sondern eine irdische, seelische, dämonische. Denn wo Neid und Selbstsucht ist, da ist Unordnung und jede böse Tat." Bitterer Neid und Selbstsucht gegenüber anderen Menschen sind Haltungen, die aus einem Herzen kommen, das nicht daran interessiert ist, Gott zu verherrlichen sondern eher sich selbst. Wir können nicht behaupten, dass wir Gott lieben und Ihn ehren wollen, wenn wir darauf versessen sind, etwas zu bekommen, was jemand anders hat, oder unseren eigenen Vorteil suchen.

Ein hervorragendes Beispiel für einen Menschen, der diese Demut vor anderen nicht zeigte, ist Baruch, der Schreiber des Propheten Jeremia. Zwar wird uns in der Schrift nicht genau mitgeteilt, worauf Baruch seinen Stolz gründete. Es hat aber den Anschein, als sei es ihm zu Kopf gestiegen, dass er die Ehre hatte, das Wort Gottes an Jeremia aufzuschreiben. Obwohl es richtig ist, dass Baruch eine sehr wichtige Aufgabe ausführte, hat die Größe dieser Aufgabe ihn, den Ausführenden, doch nicht groß gemacht.

Es sieht so aus, als hätte Baruch das Wort Gottes, das durch Jeremia gesprochen wurde, nicht zur Ehre Gottes aufgezeichnet, sondern zu seiner eigenen. Jeremia durchschaute Baruchs Herz und tadelte ihn für seinen Stolz: „Du aber begehrst für dich Großes? Begehre es nicht! ..." (Jeremia 45,5) Baruch war selbstsüchtig. Er suchte seine eigene Ehre, nicht Gottes.

Im dritten Johannesbrief wird uns ein anderes Beispiel gegeben, wo jemand selbstsüchtig war und die Ehre bei Menschen suchte. In diesem Abschnitt lesen wir über einen Mann namens Diotrephes, der eine der frühen Gemeinden leitete, vielleicht als Pastor oder Ältester. Johannes schreibt über ihn:

> Ich habe der Gemeinde geschrieben; aber Diotrephes, der bei ihnen der Erste sein möchte, nimmt uns nicht an. Darum will ich ihm, wenn ich komme, seine Werke vorhalten, die er tut, indem er uns mit bösen Worten verleumdet; und damit nicht genug, er selbst nimmt die Brüder nicht auf und verwehrt es auch denen, die es tun wollen, und stößt sie aus der Gemeinde hinaus.
>
> Mein Lieber, ahme nicht das Böse nach, sondern das Gute! Wer Gutes tut, der ist aus Gott; wer aber Böses tut, der hat Gott nicht gesehen. (3.Johannes 9-11)

Dieser Mann wollte der Wichtigste sein und von allen Mitgliedern seiner Gemeinde hoch geachtet werden, deshalb wollte er die inspirierten Schriften des Apostels Johannes und seine Lehre nicht annehmen. Vielleicht widersprach etwas, das Johannes geschrieben hatte, dem, was dieser Mann in seiner örtlichen Gemeinde lehrte. Daran, was Johannes in diesem Brief schreibt, können wir sehen, dass Diotrephes auf dieses Problem reagierte, indem er über Johannes und die anderen Apostel lästerte.

Wenn wir andere Menschen verleumden, dann ist unser Stolz meistens der Grund dafür. Wenn wir andere schlecht machen, stehen wir selbst besser da. Aber dieser Mann lästerte nicht nur über die Apostel, um sich selbst besser darzustellen, er schloss sogar aus falschen Beweggründen Mitglieder aus der Gemeinde aus. Seine Selbstsucht und sein Wunsch über das Leben aller anderen zu bestimmen, führte dazu, dass er seine Autorität als Ältester der Gemeinde gewaltig missbrauchte. Er entschied, mit wem seine Gemeindeglieder Gemeinschaft haben durften und mit wem nicht, und schloss diejenigen aus, die nicht auf ihn hörten.

Johannes ermahnte seine Leser, dem Beispiel dieses bösen Menschen nicht zu folgen, und nannte ihnen dann eine wirklich demütige Person, die sie sich stattdessen zum Vorbild nehmen sollten: „Dem Demetrius wird von allen und von der Wahrheit selbst ein gutes

Zeugnis ausgestellt; auch wir geben Zeugnis dafür, und ihr wisst, dass unser Zeugnis wahr ist." (3.Johannes 12) Mit anderen Worten: Demetrius war ein Mann, der seine Gottesfurcht mit seinem Leben bezeugte, und alle – einschließlich der Apostel – erkannten es.

Haman im Buch Ester ist ein weiteres Beispiel für einen stolzen Menschen, der sehr selbstsüchtig war. Die Schrift berichtet im Buch Ester, dass König Ahasveros Haman eine sehr hohe Position in seinem Königreich gab. Darauf begannen alle Diener des Königs sich vor Haman zu verbeugen, wenn sie ihm begegneten, wie es der König befohlen hatte:

> Und alle Knechte des Königs, die im Tor des Königs waren, beugten die Knie und fielen vor Haman nieder; denn der König hatte es so geboten. Aber Mordechai beugte die Knie nicht und fiel nicht nieder. Da sprachen die Knechte des Königs, die im Tor des Königs waren, zu Mordechai: Warum übertrittst du das Gebot des Königs? Und es geschah, als sie dies täglich zu ihm sagten und er ihnen nicht gehorchte, sagten sie es Haman, um zu sehen, ob man Mordechais Begründung gelten lassen würde; denn er hatte ihnen gesagt, dass er ein Jude sei.
>
> Als nun Haman sah, dass Mordechai die Knie nicht vor ihm beugte und nicht vor ihm niederfiel, da wurde er mit Wut erfüllt. (Ester 3,2-5)

Das Ausmaß von Hamans Stolz wurde dadurch sichtbar, dass er wütend wurde, als jemand sich weigerte ihn zu ehren. Wie oft erwarten wir wegen unserer Position, unseres Alters oder unserer Bildung auf eine bestimmte Art behandelt zu werden? Die Art, wie wir reagieren, wenn uns nicht die Achtung entgegengebracht wird, die wir erwarten, ist ein guter Indikator dafür, wie viel Stolz in unserem Herzen vorhanden ist. Haman war so voller Stolz (und deshalb auch so voller Wut), dass er den König dazu überredete eine Verordnung herauszugeben, dass an einem bestimmten Tag alle Juden getötet werden sollten (vgl. Ester 3,8-15).

Einen weiteren Beweis für Hamans Stolz finden wir später in Kapitel 5. Nach einem privaten Essen mit dem König und der Königin ging Haman mit einem guten Gefühl durch die Straßen. Dort begegnete ihm Mordechai, der sich wie gewohnt weigerte, sich vor ihm zu verbeugen. Dies machte Haman wieder wütend:

> Doch Haman überwand sich; als er aber heimkam, sandte er hin und ließ seine Freunde und seine Frau Seres holen. Und Haman erzählte ihnen von der Herrlichkeit seines Reichtums und von der Menge seiner Söhne und wie ihn der König so groß gemacht und ihn über die Fürsten und Knechte des Königs erhoben habe. Auch sprach Haman: Und die Königin Ester hat niemand mit dem König zu dem Mahl kommen lassen, das sie zubereitet hat, als mich; und ich bin auch morgen mit dem König zu ihr geladen! (Ester 5,10-12)

Haman war so stolz, dass er seine Freunde einlud, um vor ihnen damit zu prahlen, wie wichtig er war und wie sehr der König ihn geehrt hatte. Sprüche 27,2 ermahnt uns: „Ein anderer soll dich rühmen, nicht dein eigener Mund, ein Fremder und nicht deine eigenen Lippen!“ Haman jedoch ging regelrecht darin auf, anderen zu erzählen, wie großartig er war. Sein übermäßiger Stolz machte ihn selbstsüchtig und ehrsüchtig.

Im Gegensatz dazu zeichnet Römer 12,16 ein Bild davon, wie die Geisteshaltung und das Benehmen eines demütigen Menschen anderen gegenüber aussehen sollten: „Seid gleichgesinnt gegeneinander; trachtet nicht nach hohen Dingen, sondern haltet euch herunter zu den Niedrigen; haltet euch nicht selbst für klug!“

Zum einen werden wir aufgefordert: „Seid gleichgesinnt gegeneinander; trachtet nicht nach hohen Dingen.“ Das heißt, wir sollen zu allen anderen Menschen die gleiche innere Haltung haben wie zu uns selbst. Mit anderen Worten: Wir sollen unsere Nachbarn genauso lieben wie uns selbst, so wie Jesus es in Matthäus 19,19 lehrt. Wir sollten nicht uns selbst für besser halten als andere, sondern eher für nicht besser.

Zum anderen wird uns befohlen „mit den Geringen zu verkehren“. Oft wird unser Stolz daran sichtbar, mit welchen Menschen wir Umgang pflegen. Vielleicht ziehen wir die Gesellschaft von Leuten vor, die reich oder beliebt sind, interessante Persönlichkeiten haben, sich gut kleiden oder eine gute Ausbildung haben. Die Menschen, mit denen wir gerne unsere Zeit verbringen, sind oft ein Indikator dafür, was wir von uns selbst halten – für wen wir uns halten oder wer wir gerne wären.

Jesus erzählte einmal eine Geschichte, die diese Denkweise tadelt:

> Er sagte aber auch zu dem, der ihn eingeladen hatte: Wenn du ein Mittags- oder Abendmahl machst, so lade nicht deine Freunde, noch deine Brüder, noch deine Verwandten, noch reiche Nachbarn ein, damit nicht etwa auch sie dich wieder einladen und dir vergolten wird; sondern wenn du ein Gastmahl machst, so lade Arme, Krüppel, Lahme, Blinde ein, so wirst du glückselig sein; denn weil sie es dir nicht vergelten können, wird es dir vergolten werden bei der Auferstehung der Gerechten. (Lukas 14,12-14)

Bei der Auslegung dieser Textstelle müssen wir erst einmal erkennen, dass Jesus uns nicht gesagt hat, wir sollten niemals unsere Freunde oder Verwandten oder reiche Leute einladen. Wenn wir diese Lehre im größeren Zusammenhang der ganzen Schrift betrachten, glaube ich, dass wir die Worte Jesu so verstehen können, dass wir „nicht nur solche" Leute einladen sollen. Er weiß, dass wir natürlicherweise Zeit mit unseren Freunden und Verwandten verbringen, aber wir müssen aufpassen, dass wir nicht unsere gesamte Zeit nur mit diesen Leuten verbringen und Menschen ignorieren, die unsere Hilfe brauchen.

Wenn wir uns die Zeit nehmen innezuhalten und uns selbst zu überprüfen, werden wir wahrscheinlich erkennen, dass wir alle durch diese Art von Stolz gesündigt haben. Wie oft kommen wir am Armenviertel der Stadt vorbei und denken: „Ich bin froh, dass ich hier nicht lebe"? Wie oft sehen wir eine armselig gekleidete Person und denken: „Ich bin froh, dass ich mich nicht so anziehen muss"? Wenn wir solche Gedanken haben, sagen wir damit eigentlich: „Ich bin besser als sie, weil mein Haus schöner und meine Kleidung besser ist." Diese Denkweise ist ein Anzeichen von Stolz.

Obwohl wir in Bezug auf Reichtum eher an materielle Dinge denken, kann man auch in anderer Hinsicht reich oder arm sein. Manche sind sehr reich in ihrer Persönlichkeit. Sie sind lustig und es ist interessant, sich mit ihnen zu unterhalten. Andere wieder sind richtige Langweiler. Es ist schwierig, sich mit ihnen zu unterhalten, wir fühlen uns in ihrer Nähe unwohl und finden einfach keine Gemeinsamkeiten. Eine stolze Person wird es zu vermeiden versuchen, mit so einem Menschen Zeit zu verbringen, weil ihr das eigene Wohlbefinden wichtiger ist als das Bedürfnis des anderen nach Gesellschaft.

Ein demütiger Mensch hingegen bemüht sich, mit verschiedenen Leuten zu reden, egal wie unangenehm es auch sein mag, weil sich ein demütiger Menschen mehr Gedanken über andere macht als über sich selbst. In 2.Korinther 5,9 steht: „Darum suchen wir auch unsere Ehre darin, dass wir ihm wohlgefallen, sei es daheim oder nicht daheim." Demütigen Menschen ist es wichtiger, anderen zu dienen, um so Christus zu dienen. Ihnen ist es wichtiger, Christus zu gefallen als die eigenen Bedürfnisse zu befriedigen.

Einer meiner Glaubenshelden ist Johannes der Täufer. Johannes der Täufer war in vielen Hinsichten ein wirklich demütiger Mensch und ich fühle mich durch die Beweise seiner Demut oft herausgefordert.

In Johannes 1,19 steht: „Und dies ist das Zeugnis des Johannes, als die Juden von Jerusalem Priester und Leviten sandten, um ihn zu fragen: Wer bist du?" Was wäre unsere Antwort auf so eine Frage wohl gewesen? Wir würden wahrscheinlich von unserer Familie erzählen, über unseren Beruf und unsere Bildung. Johannes hätte den Fragenden sicher eine ähnliche Antwort geben können. Als Sohn eines der angesehensten Priester seiner Zeit, des Zacharias, hatte er einen eindrucksvollen Stammbaum. Er hätte ihnen alles über seine Erziehung und Ausbildung zum zukünftigen Priester erzählen können.

Ich finde aber die Reaktion des Johannes sehr interessant. Anstatt den Männern zu sagen, wer er war, erklärte er ihnen, wer er nicht war. Johannes erwiderte einfach: „Ich bin nicht der Christus!" (Johannes 1,20) Die Priester waren mit seiner Antwort nicht zufrieden und fragten ihn weiter aus. Sie fragten ihn, ob er Elia sei oder der

Prophet. Und wieder sagte Johannes: „Nein." Er sagte einfach immer wieder, wer er nicht war, anstatt wer er war. Wenn uns jemand fragt, wer wir sind, wie oft sagen wir dann, wer wir nicht sind? Lieben wir es nicht vielmehr mit unseren Taten, unserer Bildung und unseren Posten herumzuprahlen?

Die Männer, die Johannes befragten, waren immer noch nicht zufrieden und wollten wissen: „Wer bist du denn? Damit wir denen Antwort geben, die uns gesandt haben: Was sagst du über dich selbst?" (Johannes 1,22) Da erwiderte Johannes: „Ich bin »die Stimme eines Rufenden, [die ertönt] in der Wüste: Ebnet den Weg des Herrn!« wie der Prophet Jesaja gesagt hat. … Ich taufe mit Wasser; aber mitten unter euch steht einer, den ihr nicht kennt; dieser ist's, der nach mir kommt, der vor mir gewesen ist; und ich bin nicht würdig, ihm den Schuhriemen zu lösen." (Johannes 1,23-27) Johannes richtete ihre Aufmerksamkeit weg von sich auf Jesus. Das ist wahre Demut.

Johannes der Täufer war nicht selbstsüchtig. Er suchte nicht seine eigene Ehre. Es war ihm nicht wichtig, was andere über ihn dachten oder für wen sie ihn hielten. In seinem Leben ging es allein darum, Jesus Christus zu ehren und zu verherrlichen, und darauf sollte auch unser Leben ausgerichtet sein.

Zweitens: **Wahre Demut anderen Menschen gegenüber zeigt sich darin, dass man nicht großtuerisch auftritt.** Mit anderen Worten: Ein wirklich demütiger Mensch ist kein Angeber. 1.Korinther 13,4 lehrt uns: „Die Liebe prahlt nicht, sie bläht sich nicht auf." In 1.Timotheus 2,9-10 erklärt Paulus diesen Gedanken: „Ebenso [will ich] auch, dass sich die Frauen in ehrbarem Anstand mit Schamhaftigkeit und Zucht schmücken, nicht mit Haarflechten oder Gold oder Perlen oder aufwändiger Kleidung, sondern durch gute Werke, wie es sich für Frauen geziemt, die sich zur Gottesfurcht bekennen."

Paulus lehrt uns hier, dass sich die Frauen auf ihren inneren Charakter konzentrieren sollten, nicht auf ihren äußeren Schmuck. Es ist nicht falsch, wenn eine Frau sich die Haare zurechtmacht oder hübsche Kleidung anzieht. Es ist aber falsch, wenn eine Frau diese Dinge zur Grundlage dafür macht, ob sie sich akzeptiert und wichtig fühlt. Wenn unser Erscheinungbild auffällig und darauf ausgerichtet ist, uns von anderen Personen abzuheben, dann bekundet unser Aussehen eine stolze Haltung. Im Gegensatz dazu zieht sich ein wirklich demütiger Mensch so an, dass er die Aufmerksamkeit nicht auf sich lenkt. In unserer Zeit bedeutet dies, dass man sich nicht absichtlich nachlässig oder unanständig kleidet.

Sprüche 7 beschreibt sehr genau, wie ein großtuerischer Mensch oder jemand, der darauf bedacht ist, sich vor anderen zur Schau zu stellen, aussieht: „Denn als ich am Fenster meines Hauses durch das Gitter schaute und die Unverständigen beobachtete, bemerkte ich unter den Söhnen einen jungen Mann ohne Einsicht ... Siehe, da lief ihm eine Frau entgegen, in Hurenkleidung und mit arglistigem Herzen. Sie ist unbändig und zügellos, ihre Füße können nicht zu Hause bleiben; bald ist sie auf der Straße, bald auf den Plätzen; an allen Ecken lauert sie." (Sprüche 7,6-7; 10-12) Die Frau in diesem Abschnitt ist eine auffällige Person. Sie ist „ausgelassen" – laut, lärmend, die Stimmungskanone – und „rebellisch" – streitsüchtig und zänkisch. Mit anderen Worten: Sie will im Mittelpunkt der allgemeinen Aufmerksamkeit stehen. Das ist eine Erscheinungsform des Stolzes.

Vor vielen Jahren kam einmal eine Frau bei der *Christian Counseling and Educational Foundation*[2] zu mir in die Beratung. Bevor ich mit ihr sprach, las ich den persönlichen Fragebogen durch, den sie ausgefüllt hatte. Als Antwort auf die Frage „Was ist dein Problem?" hatte sie geschrieben: „Überall wo ich hingehe, werde ich von Männern angebaggert." Als ich die Treppe zum Wartezimmer hinunter ging, konnte ich das Parfüm dieser Frau riechen, bevor ich sie überhaupt sah. Als wir zu meinem Büro hochgingen, merkte ich, dass sie Schwierigkeiten hatte die Treppe zu steigen, weil ihr Kleid so eng war. Diese Frau war zwar noch nicht bereit, ihr Problem mit dem Stolz zuzugeben, aber der Grund für ihr Problem mit der Aufmerksamkeit war offensichtlich: Durch ihre auffällige Erscheinung zog sie die Aufmerksamkeit der Männer auf sich.

In 1.Petrus 3,3-4 greift Petrus die Lehre des Paulus auf: „Euer Schmuck soll nicht der äußerliche sein, Haarflechten und Anlegen von Goldgeschmeide oder Kleidung, sondern der verborgene Mensch des Herzens in dem unvergänglichen Schmuck eines sanften und

2 Stiftung für christliche Beratung und Bildung, Anm. d.Ü.

stillen Geistes, der vor Gott sehr kostbar ist." Die Aussagen der Schrift sind übereinstimmend: Wir sollten uns so weit es geht darum bemühen, uns so zu kleiden und zu verhalten, dass wir keine Aufmerksamkeit erregen.

Dies gilt für Männer genauso wie für Frauen. Heutzutage versuchen Männer wie Frauen die Aufmerksamkeit mit Kettchen und Ohrringen, Körperpiercings, Tätowierungen, gefärbten Haaren, schlampiger und unanständiger Kleidung auf sich zu lenken. Als Christen sollten wir uns bemühen durch unser Erscheinungsbild weder einen Schock noch große Bewunderung auszulösen. Vielmehr sollte durch unser bescheidenes Aussehen unsere demütige Geisteshaltung sichtbar werden. Wenn Menschen aus irgendeinem Grund auf uns aufmerksam werden oder sich zu uns hingezogen fühlen, sollte es nur deswegen sein, weil wir den Charakter Christi auf eine Weise verherrlichen, die sie gewöhnlich in der Welt um sich herum nicht sehen.

Aber es gehört noch mehr zum Großtuerischsein als nur das Aussehen. In Matthäus 6 beschreibt Jesus das auffällige Leben der Pharisäer. Diese Männer fielen durch ihre Selbstgerechtigkeit auf und waren großtuerisch in der Ausübung ihrer Religion. Jesus sagte:

> Habt Acht, dass ihr eure Almosen nicht vor den Leuten gebt, um von ihnen gesehen zu werden; sonst habt ihr keinen Lohn bei eurem Vater im Himmel.
>
> Wenn du nun Almosen gibst, sollst du nicht vor dir her posaunen lassen, wie es die Heuchler in den Synagogen und auf den Gassen tun, um von den Leuten gepriesen zu werden. Wahrlich, ich sage euch: Sie haben ihren Lohn schon empfangen.
>
> Und wenn du betest, sollst du nicht sein wie die Heuchler; denn sie stellen sich gern in den Synagogen und an den Straßenecken auf und beten, um von den Leuten bemerkt zu werden. Wahrlich, ich sage euch: Sie haben ihren Lohn schon empfangen. (Matthäus 6,1-2.5)

Es ist wichtig, die Worte zu beachten, die Jesus in diesem Abschnitt gebraucht. Jesus tadelt die Pharisäer nicht dafür, *dass* sie ihre Rechtschaffenheit vor den Menschen ausübten; das ist genau das, was wir tun sollten. Unsere Rechtschaffenheit sollte täglich für die Menschen sichtbar sein. Nein, Jesus tadelt sie dafür, dass sie ihre Rechtschaffenheit vor den Menschen ausübten, *um* von ihnen bemerkt zu werden.

In diesem Fall ist das Motiv der Schlüssel. Wenn wir in der Gebetsversammlung nur beten, weil andere uns hören können, dann sind wir großtuerisch. Wenn wir unsere Bibel nur dann lesen, wenn andere da sind, die es sehen können, dann zeigen wir ein stolzes Herz, dem es nur um den äußeren Schein geht. Wenn wir nur dann spenden, wenn andere es sehen, dann geben wir nicht zur Ehre Christi, sondern um uns selbst zu ehren und die Aufmerksamkeit auf uns zu lenken.

Jonathan Edwards schrieb in seiner großartigen Auslegung von 1.Korinther 13,4-5:

> Wenn der Demütige gegenüber seinem Nachbarn irgendeinen Vorteil oder eine Begünstigung hat, sei es weltlich oder geistlich, wird er kein Aufsehen darum machen. Wenn er größere natürliche Begabungen hat als andere, wird er sie vor anderen nicht zur Schau stellen, oder darauf bedacht sein, dass andere seine Überlegenheit in der Hinsicht bemerken. Wenn er eine ungewöhnliche geistliche Erfahrung macht, wird er nicht darum besorgt sein, dass andere es erfahren und ihm deswegen besondere Ehre zuteil wird. Ihm ist es auch nicht wichtig, bei den Menschen als bedeutender Heiliger oder als treuer Diener des Himmels geachtet zu werden. Denn für ihn ist es völlig nebensächlich, was andere über ihn denken. Wenn er irgendetwas gut macht oder seine Pflicht in jeder Hinsicht trotz Schwierigkeiten selbstlos erfüllt, hofft er nicht darauf, dass andere es bemerken. Er achtet auch nicht darauf, dass sie es ja nicht übersehen. Er verhält sich nicht wie die Pharisäer, über die gesagt wird (Matthäus 23,5), dass sie alles nur taten, um von den Menschen gesehen zu werden; sondern wenn er irgendetwas in aller Aufrichtigkeit getan hat, ist es für ihn genug, dass der große Geist, der im Verborgenen sieht, es bemerkt und gutheißen wird.

Eine wirklich demütige Person benimmt sich in Gegenwart anderer nicht großtuerisch. Stattdessen gleicht ein wahrlich demütiger Mensch eher dem Apostel Paulus, der sagte: „Wenn ich mich rühmen soll, so will ich mich meiner Schwachheit rühmen." (2.Korinther 11,30) Obwohl Paulus von Gott gebraucht wurde, um das Wort Gottes in Briefen aufzuschreiben, Wunder zu tun, Tausende zu evangelisieren und zukünftige Leiter der Gemeinde zu Jüngern zu machen, wollte Paulus immer nur über seine Schwächen reden. Denn durch seine Schwächen wurde Gott aufs Höchste geehrt. Ein wirklich demütiger Mensch hat keinen größeren Wunsch, als für alles Gott die ganze Ehre zu geben.

Schlussfolgerung

Wir haben hier nur zwei Möglichkeiten betrachtet, wie Stolz gegenüber anderen Menschen sichtbar wird: Wenn man selbstsüchtig und ehrsüchtig ist und wenn man großtuerisch auftritt. Im nächsten Kapitel werden wir fünf weitere Möglichkeiten kennen lernen, wie Stolz gegenüber anderen offensichtlich wird. Bevor wir aber weitermachen, nimm dir einen Augenblick Zeit, um dich selbst im Licht dieser beiden Wahrheiten zu überprüfen. Und während du über dein eigenes Leben nachdenkst, ruf dir ins Gedächtnis, was Gott über die Sündhaftigkeit des Stolzes und den Segen der Demut sagt. Stolz ist eine Sünde, die man nicht auf die leichte Schulter nehmen sollte. Wir müssen darauf brennen, ihn mitsamt den Wurzeln heruszureißen und gewissenhaft zu zerstören, denn „Gott widersteht den Hochmütigen; den Demütigen aber gibt er Gnade" (Jakobus 4,6).

ÜBUNGSAUFGABEN ZUR ANWENDUNG / DISKUSSION

1. Welche Punkte, die in diesem Kapitel über Demut aufgeführt wurden, stellen deiner Meinung nach die größte Herausforderung bzw. Hilfe dar? Welche der beiden Erscheinungsformen der Demut, die in diesem Kapitel behandelt wurden, war für dich bedeutender?

2. Studiere die folgenden Verse und schreibe auf, wie sich wahre Demut bzw. Stolz zeigten: Matthäus 6,1-6; 8,1-4; 9,18-28; 20,20-24; 23,1-12; Lukas 8,8-14; Johannes 3,22-30; 5,1-13; 8,30-33; Jakobus 3,14-16.

3. Denke zurück an die letzte Woche, den letzten Monat und die letzten sechs Monate und schreibe auf, wann du versucht warst selbstsüchtig oder ehrsüchtig zu sein.

4. Denke zurück an die letzte Woche, den letzten Monat und die letzten sechs Monate und schreibe auf, wann du versucht warst, vor anderen Leuten zu prahlen und wann du versucht hast, andere damit zu beeindrucken, wie großartig du bist.

Kapitel 4
Ein Porträt der wahren Demut
- Fortsetzung -

Jonathan Edwards sagte einmal: „Nichts entfernt einen Christen so weit aus dem Machtbereich des Teufels wie die Demut." Am Anfang des vorigen Kapitels haben wir betrachtet, was die Bibel über Gottes Sichtweise in Bezug auf Stolz lehrt und im Gegensatz dazu die Sichtweise der Welt. Wir haben außerdem gesehen, dass viele große Bibellehrer – gottesfürchtige Männer und Frauen – die gleiche Abscheu gegen den Stolz geäußert haben wie Gott in Seinem Wort.

So wie die Heilige Schrift den Stolz vielfach verdammt, hat die Bibel auch sehr viel Positives über die Demut zu sagen. In Psalm 25,9 steht: „Er leitet die Elenden in Gerechtigkeit und lehrt die Elenden seinen Weg." Und Psalm 37,11 lehrt uns: „Aber die Sanftmütigen werden das Land erben und sich großen Friedens erfreuen." In Psalm 138,6 steht: „Denn der Herr ist erhaben und sieht auf den Niedrigen…" Aus anderen Schriftstellen erfahren wir, dass Gott die Demütigen erhebt, die Demütigen schön macht, den Demütigen Gnade schenkt, die Demütigen ehrt, bei den Demütigen wohnt und die Demütigen segnet.

Charles Spurgeon sagte einmal: „Demut ist eine Tugend, der in der Schrift viele Verheißungen zugesprochen werden. Es mag sein, dass sich die meisten Verheißungen auf den Glauben beziehen und die Liebe oft als die wichtigste in der Reihe der Tugenden dargestellt wird, aber die Demut steht im Wort Gottes auf keinen Fall auf einer niedrigeren Stufe. Jede Tugend scheint wie ein Nagel zu sein, an dem wertvolle Segnungen hängen, und an der Demut hängen viele Gnadenerweise."

Wie Spurgeon feststellte, ergibt eine Suche in der Heiligen Schrift, dass stolzen Menschen kein einziges positives Versprechen gemacht wird, den demütigen Menschen aber werden viele Segensverheißungen zugesprochen. Wie können wir mit diesem Wissen – wenn wir Gott aufrichtig lieben und Ihm gefallen wollen – diese Eigenschaft in unserem Leben nicht anstreben wollen? Aber wie sollen wir wissen, was es bedeutet demütig zu sein, wenn wir nicht verstehen, was Gott unter Demut versteht? Und wie sollen wir wissen, ob wir stolz sind, wenn wir Gottes Meinung dazu nicht kennen?

Es ist für uns relativ einfach über Stolz und Demut zu reden ohne zu wissen, was Gott mit diesen Begriffen eigentlich meint. In der Tat warnt uns die Bibel, dass viele stolze Menschen gar nicht wissen, dass sie stolz sind: „Alle Wege des Menschen sind rein in seinen Augen, aber der Herr prüft die Geister." (Sprüche 16,2) Stolz bewirkt, dass wir die Sünde in unserem Leben nicht bemerken und eine bessere Meinung von uns selbst haben als wir sollten.

Andererseits müssen wir Gottes Meinung zu dieser Tugend verstehen, wenn wir für unsere Demut gesegnet werden wollen. Im vorigen Kapitel haben wir begonnen darüber nachzudenken, wie Demut anderen Personen gegenüber sichtbar wird. Wir haben gelernt, dass ein wirklich demütiger Mensch nicht selbstsüchtig oder ehrgeizig ist, und dass ein demütiger Mensch in Gegenwart anderer Leute nicht prahlerisch auftritt. In diesem Kapitel werden wir das Porträt einer wirklich demütigen Person durch fünf weitere Merkmale vervollständigen.

Wie sieht ein demütiger Mensch aus?

Drittens: **Ein wirklich demütiger Mensch verhält sich anderen gegenüber nicht arrogant und anmaßend.** Und wieder können wir das Leben des Haman betrachten, um zu sehen, wodurch sich eine hochmütige und anmaßende Person auszeichnet. In Ester 6 lesen wir, dass Haman zum König gerufen wurde: „Als nun Haman hereinkam, sprach der König zu ihm: Was soll man mit dem Mann machen, den der König gern ehren möchte? Haman aber dachte in seinem Herzen: Wem anders sollte der König Ehre erweisen wollen als mir?“ (Ester 6,6) Wir erkennen sofort Hamans Stolz. Er ging automatisch davon aus, dass er der Einzige sei, den der König möglicherweise ehren wollen könnte.

Ein wirklich demütiger Mensch ist auch nicht wie die Leute, die Paulus in Römer 1,21 beschreibt, die „ihn doch nicht als Gott geehrt und ihm nicht gedankt“ haben. Stolze Leute sind sehr kritisch und achten niemanden, nicht einmal Gott. Sie sind anderen nicht dankbar, wenn sie etwas erhalten, weil sie davon ausgehen, dass sie alles verdient haben, was sie bekommen. In Sprüche 30,15-16 wird diese Art von Menschen mit Blutegeln, Tod und Feuer verglichen: Sie sind niemals zufrieden. Sie wollen immer mehr und meinen stets, dass sie einen Anspruch darauf haben mehr zu bekommen.

Im vierten Buch Mose wird beschrieben, wie die Israeliten ihren Führern gegenüber hochmütig und anmaßend wurden: „Da erhob die ganze Gemeinde ihre Stimme und schrie, und das Volk weinte in dieser Nacht.“ (4.Mose 14,1) In diesem Moment tat das Volk Gottes nicht etwa gerade Buße über seine Sünden und trauerte auch nicht wegen einer großen Tragödie. Es beschwerte sich, weil Mose und Aaron sie in ein kahles Land ohne Wasser und Nahrung geführt hatten: „Und alle Kinder Israels murrten gegen Mose und Aaron; und die ganze Gemeinde sprach zu ihnen: Ach, dass wir doch im Land Ägypten gestorben wären, oder noch in dieser Wüste sterben würden!“ (4.Mose 14,2)

Sie klagten und kritisierten, weil sie davon ausgingen, dass sie bessere Anführer und ein besseres Leben verdienten, als sie im Moment hatten. Der Stolz sagt: „Ich verdiene etwas Besseres.“

Im Gegensatz dazu benimmt sich ein demütiger Mensch so wie David in 1.Samuel 18,17-23. König Saul bot David an seine ältere Tochter Merab zu heiraten. Saul erwartete, dass David sich durch dieses Angebot geehrt fühlen würde, obwohl er diese Ehe nur anstrebte, um David durch die Philister töten zu lassen. Aber anscheinend erkannte David Sauls wahre Motive nicht und erwiderte demütig: „Wer bin ich? Und was ist meine Herkunft, das Geschlecht meines Vaters in Israel, dass ich Schwiegersohn des Königs werden soll?“ (18,18)

Als Saul ihm später die Hand seiner Tochter Michal anbot, war die Reaktion Davids sehr ähnlich: „Ist es etwa in euren Augen etwas Geringes, Schwiegersohn des Königs zu werden? Ich bin doch nur ein armer und geringer Mann!" (18,23) David zeigte seine Demut dadurch, dass er sich einfach nicht vorstellen konnte, es wert zu sein der Schwiedersohn des Königs zu werden. Ein wirklich demütiger Mensch wie David hat kein aufgeblasenes Selbstbild und geht nicht davon aus, dass er von irgendjemandem irgendetwas zu erwarten hat.

Eine demütige Person, die nicht arrogant und anmaßend ist, ähnelt Agur, der in Sprüche 30,2-3 schreibt: „Ich bin unvernünftiger als irgend ein Mann und habe keinen Menschenverstand. Ich habe keine Weisheit gelernt, dass ich die Erkenntnis des Heiligen besäße." Er ist auch wie Paulus, der in 1.Korinther 15,9 erklärt: „Denn ich bin der Geringste von den Aposteln, der ich nicht wert bin, ein Apostel zu heißen, weil ich die Gemeinde Gottes verfolgt habe." Paulus sah sich selbst sogar als den „Allergeringsten unter allen Heiligen" (Epheser 3,8), weil er ein wirklich demütiger Mann war. Demütige Leute verhalten sich anderen gegenüber nicht überheblich oder anmaßend.

Viertens: **Ein wirklich demütiger Mensch benimmt sich nicht herablassend, streitsüchtig oder gewalttätig.** Auch von diesem Aspekt der Demut zeigte Haman das genaue Gegenteil. Er war der Meinung, dass andere ihn achten sollten; er dachte, er sei es wert, von anderen respektiert zu werden und wurde wütend, als er nicht bekam, was er meinte verdient zu haben. Er war sogar so wütend auf Mordechai, dass er einen Galgen bauen ließ, um ihn daran zu erhängen (Ester 5,9-14). Hamans Stolz führte dazu, dass er gegen andere gewalttätig wurde.

Ein anderes Beispiel für eine sehr stolze Person ist König Saul. Er wurde zweimal so von Eifersucht auf David ergriffen, dass er seinen Speer nahm und damit nach David warf (1.Samuel 18-19). Und als Jonathan, sein eigener Sohn, ihm nicht den Respekt erwies, den er meinte verdient zu haben, warf Saul seinen Speer nach Jonathan und nannte ihn: „missratener, widerspenstiger Sohn" (1.Samuel 20,30-33). Gewalt gegen andere ist ein Zeichen von Stolz.

Stolz wird auch in Psalm 73,6-9 mit Gewalt in Verbindung gebracht:

Darum ist Hochmut ihr Halsschmuck,
und Gewalttat ist das Gewand, das sie umhüllt.
Ihr Gesicht strotzt von Fett;
sie bilden sich sehr viel ein.
Sie höhnen und reden boshaft von Bedrückung,
hochfahrend reden sie.
Sie reden, als käme es vom Himmel;
was sie sagen, muss gelten auf Erden.

Stolz führt zu Verachtung und Gewalt. Stolz führt dazu, dass man andere schlecht behandelt, weil stolze Menschen sich selbst für etwas Besseres halten. Sie denken, andere Leute haben weniger Anrecht auf Respekt, Komfort und das Leben selbst.

In den Sprüchen werden häufig Personen beschrieben, die voll Verachtung und streitsüchtig sind. „Durch Übermut entsteht nur Streit…" (Sprüche 13,10) Jemand, der ständig mit anderen streitet und bei jedem einen Fehler findet, ist ein stolzer Mensch. Die verächtlichen Worte stolzer Menschen machen andere wütend und gereizt. „Ein nichtswürdiger Mann gräbt Unheilsgruben, und auf seinen Lippen brennt es wie Feuer." (Sprüche 16,27) Das Ergebnis ist die Blamage aller Beteiligten. „Auf Übermut folgt Schande…" (Sprüche 11,2)

Ein wirklich demütiger Mensch jedoch befolgt den Befehl des Paulus in Epheser 4,31: „Alle Bitterkeit und Wut und Zorn und Geschrei und Lästerung sei von euch weggetan samt aller Bosheit." Und: „Seid aber gegeneinander freundlich und barmherzig und vergebt einander, gleichwie auch Gott euch vergeben hat in Christus." (Epheser 4,32) Seine Worte sind freundlich anstatt herablassend und beschwichtigend anstatt streitsüchtig.

Ein demütiger Mensch folgt dem Beispiel Christi am Kreuz, als Er zu diejenigen herabsah, die Ihn gedemütigt hatten und sie segnete: „Jesus aber sprach: Vater, vergib ihnen, denn sie wissen nicht, was sie tun!" (Lukas 23,34) Damit veranschaulichte Christus die Worte des Apostels Petrus in 1.Petrus 3,8-9: „Endlich aber seid alle gleichgesinnt, mitfühlend, voll brüderlicher Liebe, barmherzig, gütig! Vergeltet nicht Böses mit Bösem oder Schmähung mit Schmähung, sondern im Gegenteil segnet..." Eine stolze Person beleidigt andere und provoziert Streit, aber ein demütiger Mensch ist ein Friedensstifter und ermutigt andere.

Fünftens: **Eine wiklich demütige Person ist anderen gegenüber nicht eigensinnig und stur.** 2.Petrus 2,10 spricht über „freche" und „eigenwillige" Menschen. Dies sind stolze Leute, weil ihr eigenes Vergnügen ihr Leben beherrscht und ihr Verhalten bestimmt. Stolze Leute kümmern sich nur um die „Nummer Eins", weil sie sich selbst höher achten als alle anderen – sogar als Gott.

Paulus zeigte seine Demut in der Beziehung zu anderen in 1.Korinther 9. In diesem Kapitel beschreibt Paulus, wie er sich vor bestimmten Personen rechtfertigen musste. Diese Leute kritisierten ihn, weil ihnen die Botschaft nicht gefiel, die er brachte. Sie versuchten, die Botschaft in Verruf zu bringen, indem sie den Botschafter beschimpften. Sie waren zu stolz einfach zuzugeben, dass sie seine Anweisungen nicht akzeptieren wollten.

Obwohl Paulus durch seine Freiheit in Christus, seine Autorität als Apostel und seinen Dienst (1.Kor. 9,1) sicherlich das Recht hatte sich zu verteidigen, entschloss er sich, auf dieses Recht zu verzichten, um das Evangelium zu fördern: „Denn obwohl ich frei bin von allen, habe ich mich doch allen zum Knecht gemacht, um desto mehr [Menschen] zu gewinnen... Dies aber tue ich um des Evangeliums willen, um an ihm teilzuhaben..." (1.Kor 9,19.23) Paulus war bereit, sich selbst in allen Dingen zurückzustellen, damit andere Christus erkennen könnten: „so wie auch ich in allen Stücken allen zu Gefallen lebe und nicht meinen Nutzen suche, sondern den der vielen, damit sie gerettet werden." (1.Kor. 10,33)

Wirklich demütige Menschen sind nicht selbstsüchtig oder stur gegen andere, weil sie nicht ihren eigenen Vorteil suchen (1.Kor. 13,5). Ihr Leben veranschaulicht die Worte des Paulus in Philipper 2,3-4: „Tut nichts aus Selbstsucht oder nichtigem Ehrgeiz, sondern in Demut achte einer den anderen höher als sich selbst. Jeder schaue nicht auf das Seine, sondern jeder auf das des anderen."

Demütige Leute sind bereit, die andere Wange hinzuhalten, wenn sie beleidigt oder ungerecht behandelt werden, so wie Jesus es in Matthäus 5,39 fordert. Im Gegensatz dazu müssen stolze Menschen immer zurückschlagen, wenn sie von jemandem gekränkt werden, selbst wenn es sich nur um ein kleines Vergehen handelt. Ein leichter Schlag auf die Wange hat unweigerlich einen Faustschlag ins Gesicht zur Folge. Der Stolz in uns zwingt uns bei jeder Kleinigkeit aufzuspringen und uns zu verteidigen oder zu rächen. Eine demütige Person dagegen akzeptiert die Wunde und ist sogar bereit noch mehr einzustecken, wenn es nötig ist.

In dem Abschnitt in Matthäus 5 sagt Jesus weiter: „und dem, der mit dir vor Gericht gehen und dein Hemd nehmen will, dem lass auch den Mantel.“ (5,40) Demütige Leute tun alles, was nötig ist, um eine Beleidigungen zu übersehen. Sie sind nicht egoistisch in Bezug auf sich selbst, ihren Ruf, ihren Besitz, ihre Zeit oder ihre Meinung. Jonathan Edwards sagte einmal:

> Demut veranlasst Menschen, anderen gegenüber nachgiebig zu sein. Um des Friedens willen und um andere zufrieden zu stellen, sind sie bereit, in vielen Dingen ihre eigenen Wünsche zurückzustellen und sich den Entscheidungen anderer zu fügen, wobei sie aber mit Wahrheit und Heiligkeit nicht in Widerspruch geraten. Ein wirklich demütiger Mensch ist in nichts unflexibel außer in Bezug auf die Sache seines Herrn und Meisters, das ist die Sache der Wahrheit und Tugend. Auf diesem Gebiet ist er unflexibel, weil Gott und sein Gewissen es verlangen. Aber in Dingen von geringerer Wichtigkeit und solchen, die seine Prinzipien als Nachfolger Christi nicht berühren und die nur mit seinen eigenen privaten Interessen zu tun haben, ist er bereit, sich anderen zu fügen. Und wenn er sieht, dass andere eigensinnig und unvernünftig an ihrer Sturheit festhalten, lässt er sich davon nicht provozieren, ihnen selbst stur und eigensinnig entgegenzutreten, sondern hält sich eher an die Prinzipien, die in Röm. 12,19; 1.Kor. 6,7 und Matt. 5,40-41 gelehrt werden, wo es heißt: „Rächt euch nicht selbst, Geliebte, sondern gebt Raum dem Zorn [Gottes]“, „Warum lasst ihr euch nicht lieber Unrecht tun? Warum lasst ihr euch nicht lieber übervorteilen?“, „und dem, der mit dir vor Gericht gehen und dein Hemd nehmen will, dem lass auch

> den Mantel; und wenn dich jemand nötigt, eine Meile weit zu gehen, so geh mit ihm zwei."

Damit will er sagen, dass demütige Personen sich anderen gegenüber nicht eigensinnig verhalten.

Sechstens: **Ein wirklich demütiger Mensch versucht nicht, sich mit anderen, die über ihm stehen, auf eine Stufe zu stellen.** Dieses biblische Konzept der Demut bedeutet, dass ein wirklich demütiger Mensch anderen – die Gott als Autorität über ihn gesetzt hat – Respekt entgegenbringt und sich ihnen unterordnet. Er versucht weder ihre Autorität zu untergraben oder sie in Verruf zu bringen noch seiner Verantwortung zu entgehen ihre Anweisungen zu befolgen.

Beachte das folgende Zitat von Edwards über wahre Demut:

> Manche Leute sind immer bereit, sich mit denen, die über ihnen stehen, auf eine Stufe zu stellen, wollen aber diejenigen, die unter ihnen stehen, niemals mit sich selbst auf eine Stufe setzen. Derjenige aber, der unter dem Einfluss der Demut steht, vemeidet beide Extreme … [;] er will, dass alle nur so weit aufsteigen, wie ihr Fleiß und ihre Charakterstärke es rechtfertigen; und … er ist bereit die Stellung seiner Vorgesetzten anzuerkennen und zu würdigen und ihnen allen Respekt zu erweisen, der ihnen zusteht. Er wünscht sich nicht, dass alle auf einer Stufe stehen, weil er weiß, dass es am besten ist, wenn innerhalb der Gesellschaft Abstufungen vorhanden sind, dass einige den anderen übergeordnet sein sollten und man sie in ihrer Stellung auch respektieren und sich ihnen unterordnen sollte … Er ist bereit, mit der göttlichen Aufteilung zufrieden zu sein…"

Stolze Leute halten sich nicht an die Gesetze ihrer Regierung, wozu uns Römer 13,1 aber auffordert: „Jedermann ordne sich den Obrigkeiten unter." Stolze Menschen streiten sich bei der Arbeit mit ihren Chefs und bringen ihnen nicht den Respekt entgegen, den sie verdienen. Dies widerspricht Kolosser 3,22: „Ihr Knechte, gehorcht euren leiblichen Herren in allen Dingen; nicht mit Augendienerei, um den Menschen zu gefallen, sondern in Einfalt des Herzens, als solche, die Gott fürchten."

Stolze Kinder gehorchen ihren Eltern nicht, stolze Ehefrauen unterordnen sich nicht ihren Ehemännern und stolze Ehemänner lieben ihre Ehefrauen nicht so aufopfernd, wie Paulus es in Kolosser 3,18-20 befielt. Stolze Leute unterordnen sich nicht der Leitung ihrer Gemeinde und ehren sie nicht so, wie 1.Thessalonicher 5,12-13 es lehrt: „Wir bitten euch aber, ihr Brüder, dass ihr diejenigen anerkennt, die an euch arbeiten und euch im Herrn vorstehen und euch zurechtweisen, und dass ihr sie umso mehr in Liebe achtet um ihres Werkes willen."

Die Israeliten zeigten diesen Stolz, indem sie gegen die Leiterschaft Moses in der Wüste rebellierten. In 4.Mose 12,1-3 lesen wir, dass Aaron und Miriam (der Bruder und die Schwester von Mose) Moses Stellung als alleiniger Leiter des Volkes in Frage stellten. Später wiegelte Korah in 4.Mose 16 zusammen mit einigen anderen die Israeliten gegen Mose auf:

> Und sie empörten sich gegen Mose, samt 250 Männern aus den Kindern Israels, Vorstehern der Gemeinde, Berufenen der Versammlung, angesehenen Männern. Und sie versammelten sich gegen Mose und gegen Aaron und sprachen zu ihnen: Ihr beansprucht zu viel; denn die ganze Gemeinde, sie alle sind heilig, und der Herr ist in ihrer Mitte! Warum erhebt ihr euch über die Gemeinde des Herrn? (4.Mose 16,2-3)

Ihr Stolz veranlasste die Israeliten zu der Ansicht, dass sie das gleiche Recht hatten, geachtet zu werden und Autorität über das Volk auszuüben wie Mose und Aaron. Wirklich demütige Menschen lehnen sich nicht gegen diejenigen auf, die als Autoritäten über sie eingesetzt worden sind.

Siebtens: **Ein wirklich demütiger Mensch ist bereit, biblische Anweisungen, biblische Zurechtweisungen, biblischen Tadel und konstruktive Kritik entgegenzunehmen und daraus zu lernen.** In der Tat ist die Art, wie wir auf diese Korrekturen reagieren, ein sehr guter Indikator dafür, wie stolz oder demütig wir eigentlich sind. In Sprüche 9,8b-9 steht: „... weise den Weisen zurecht, und er wird dich lieben! Gib dem Weisen, so wird er noch weiser werden; belehre den Gerechten, so wird er noch mehr lernen!" Andererseits: „Wer einen Spötter züchtigt, holt sich Beschimpfung, und wer einen Gesetzlosen zurechtweist, der holt sich Schmach. Weise nicht den Spötter zurecht, damit er dich nicht hasst..." (Sprüche 9,7-8a)

Ich erlebte, wie dieses Prinzip sehr eindrucksvoll bestätigt wurde, als ich vor einigen Jahren ein Praktikum am *Master's College Summer Institute* leitete. Während des Praktikums führen die Kursteilnehmer echte Beratungsgespräche, wobei sie auf Video aufgenommen werden. Danach sehen sie sich gemeinsam das Video an und beurteilen jeweils die Beratungstechniken der anderen. Die Gruppe, mit der ich in dem Sommer arbeitete, bestand aus sieben Männern und einer Frau, wobei fünf der Männer Pastoren mit zwanzig bis dreißig Jahren Erfahrung waren.

Wenn wir uns trafen, um gemeinsam ihre Beratungsgespräche zu beurteilen, gab ich der Gruppe immer Gelegenheit ihre Kommentare zu äußern; dann gab ich meine Bewertung dazu ab – positiv wie negativ. Diese Zeit der Beurteilung dauerte fünf Tage lang jeweils vier Stunden und am Mittwoch überlegte ich, wie viel Lob ich schon verteilt hatte. Mir fiel auf, dass ich andere nicht gerne auf ihre Fehler hinweise, weil ich – wie die meisten anderen Menschen – beliebt sein will. Gleichzeitig war ich aber dafür verantwortlich, ihnen zu helfen bessere Berater zu werden.

Als wir an diesem Mittwoch in einer Pause zusammensaßen, sagte ich zu der Gruppe: „Leute, ihr werdet mich hassen. Ich fürchte, ich werde einige Freunde verlieren, weil ich sehr offen mit euch darüber reden werde, was ihr meiner Meinung nach falsch gemacht habt und was ihr stattdessen tun solltet." Zu meiner großen Überraschung und Freude erwiderten sie alle demütig: „Nein, wir lieben dich dafür! Deswegen sind wir ja hier. Wir wollen uns verbessern und wir wollen lernen. Wir sind sehr dankbar dafür, dass du uns hilfst zu verstehen, was wir falsch machen und wie man es richtig macht." Welch ein Beispiel echter Demut! Diese Kursteilnehmer sehnten sich wirklich nach Anleitung und liebten die Korrektur aufrichtig.

In Psalm 141,5 sagt David: „Der Gerechte schlage mich, das

ist Gnade; und er züchtige mich, das ist Öl für mein Haupt, und mein Haupt soll sich nicht dagegen sträuben…" Ein Zeichen echter Demut ist unsere Bereitwilligkeit uns zurechtweisen, korrigieren und anleiten zu lassen, wenn wir etwas falsch machen. Ein wirklich demütiger Mensch begrüßt dies, weil er weiß, dass er die Tendenz hat zu sündigen und Hilfe braucht, um gerecht handeln zu können.

Zusammenfassung – Stolz und Demut

Um dieses Kapitel abzuschließen, möchte ich zusammenfassend einen kurzen Blick auf die drei Punkte werfen, die wir in den vorigen Kapiteln ausführlich behandelt haben. *Erstens:* Wie sich Stolz und Demut in Bezug auf unser Selbstbild unterscheiden. *Zweitens:* Wie unterschiedlich sich Stolz und Demut darauf auswirken, welche Meinung wir von anderen Menschen haben. Und *drittens:* Wie sich Stolz und Demut in Bezug auf ihre Auswirkungen unterscheiden.

Was unsere Meinung von uns selbst betrifft, so stellt der Stolz das eigene Ich in den Mittelpunkt. Stolze Menschen machen sich nur Gedanken über ihre eigenen Bedürfnisse und Wünsche und ihren Ruf. Sie erwarten Lob von anderen und sind blind für ihre eigenen Fehler. Sie sind sehr schnell beleidigt. Die Demut hingegen stellt Gott in den Mittelpunkt. Demütige Leute denken darüber nach, was Gott gefällt und was sein Wille ist. Sie sind bereit sich angreifen und kritisieren zu lassen. Sie überwinden das Böse mit Gutem. Ihr größter Wunsch ist es, Jesus größer und sich selbst kleiner zu machen.

In Bezug auf unsere Meinung von anderen weigert sich der Stolz, eigene Fehler zuzugeben und bittet niemals um Verzeihung. Stolze Menschen unterordnen sich keiner Autorität; sie sind respektlos, beleidigend und rebellisch. Sie beschuldigen andere und rechtfertigen sich selbst. Sie lehnen es ab, sich verbessern und belehren zu lassen und gehorchen nicht gerne. Sie dienen sich selbst und erwarten von anderen bedient zu werden. Im Grunde genommen haben stolze Menschen eine verzerrte Sicht der Realität; sie verleiten sich selbst zu der Annahme, dass sie allen anderen überlegen sind und deren Gedanken und Motive verstehen. Sie spielen das herunter, was sie anderen Schlechtes angetan haben, und bauschen auf, was andere ihnen angetan haben.

Die Demut dagegen sucht göttlichen Rat. Demütige Menschen wollen gerne zurechtgewiesen und belehrt werden und geben bereitwillig zu, wenn sie etwas falsch gemacht haben. Sie entschuldigen sich gerne und ordnen sich Autoritätspersonen freundlich unter. Demütige Menschen bemühen sich, Streitigkeiten zu schlichten und hören anderen aufmerksam zu. Sie sind dankbar, wenn sie ermahnt werden. Demütige Menschen helfen anderen, Christus ähnlicher zu werden und sie dienen anderen gerne. Sie sprechen auf eine angenehme Art und Weise und ermutigen andere. Sie denken von anderen besser als von sich selbst.

Eine der Auswirkungen von Stolz ist eine lose Zunge, die andere angreift. Stolze Menschen verletzen andere, weil sie beleidigend und streitsüchtig sind, tratschen und Uneinigkeit stiften. Sie entfremden Menschen voneinander und zerstören Beziehungen. Eine andere Auswirkung von Stolz ist Unbelehrbarkeit. Stolze Menschen sind stur und bleiben deshalb geistlich unreif. Außerdem führt Stolz zu Unehrlichkeit und Unzuverlässigkeit. Auf stolze Menschen kann man sich nicht verlassen, weil sie die Verpflichtungen, die sie anderen gegenüber eingehen, nicht ernst nehmen. Im Grunde raubt Stolz einem die Freude, den Frieden und die Brauchbarkeit für Christus.

Die Auswirkungen der Demut unterscheiden sich gewaltig davon, denn hier handelt es sich um lauter Segnungen. Demütige Menschen gewinnen an innerer Schönheit und tragen geistliche Frucht. Sie haben enge Beziehungen zu anderen. Sie werden geachtet, aber nicht weil sie sich darum bemühen, sondern weil die Bibel verspricht, dass Gott selbst die Demütigen ehren wird. Demütige Menschen werden immer mehr in das Ebenbild Christi verwandelt. Sie sind zuverlässig, charakterfest und helfen anderen gerne. Was aber am wichtigsten ist: Demütige Menschen können sich auf den Tag freuen, wenn sie vor Gott stehen werden und Er zu ihnen sagen wird: „Gut gemacht, du guter und treuer Knecht."

Was siehst du bei dir selbst, wenn du diese Beschreibungen von Stolz und Demut betrachtest? Spiegelt dein Leben das einer wirklich demütigen Person wider oder das einer stolzen Person? Welche Bereiche deines Lebens müssen sich ändern? Wenn der Heilige Geist dir klarmacht, dass in deinem Leben Stolz vorhanden ist, zögere nicht über dieses zerstörerische Übel Buße zu tun. Vielleicht sagst du jetzt: „Also gut, ich sehe ein, dass ich mit dem Stolz zu kämpfen habe, und ich will auch gerne demütiger werden, aber wie soll ich das machen?“ Gute Frage. Ich hoffe, dass du dir diese Frage jetzt langsam stellst. Ich verspreche dir, dass ich diese Frage in den letzten beiden Kapiteln dieses Buches beantworten werde. Dort werde ich einige praktische Möglichkeiten aufzeigen, wie man sich mehr Demut aneignen und sich vom Stolz befreien kann. Aber bevor wir dazu übergehen, möchte ich noch zwei andere Dinge tun. Erstens möchte ich dieses Kapitel mit einigen Anwendungs- und Diskussionsübungen abschließen. Und im nächsten Kapitel möchte ich dann die Torheit des Stolzes und die Weisheit der Demut erneut betonen und weiter ausführen.

ÜBUNGSAUFGABEN ZUR ANWENDUNG / DISKUSSION

1. Führe an dir selbst die folgende *Wahre-Demut-Inventur* durch, die dabei helfen soll, den eigenen *Stolz-Demut-Quotienten* zu bestimmen. Weil die Demut für Gott eine sehr wichtige Eigenschaft ist, wir aber für den Stolz so anfällig sind, soll diese Inventur dabei helfen, geistliches Wachstum in unserem Leben zu fördern. Lies jede einzelne Erscheinungsform der Demut aufmerksam durch und schätze dich selbst ehrlich ein, indem du die folgende Bewertungsskala benutzt:

4 = trifft meistens auf dich zu,
3 = trifft häufig auf dich zu,
2 = manchmal,
1 = selten,
0 = nie.

Wenn du bei dem einen oder anderen Punkt erkennst, dass dir in diesem Bereich die Demut fehlt, bekenne diesen Mangel vor Gott als Sünde und bitte Ihn um Hilfe dich zu ändern. Du solltest diese

Inventur regelmäßig immer wieder durchführen, um dein geistliches Wachstum beurteilen zu können. Vielleicht möchtest du noch zusätzlich einen ehrlichen, mutigen und liebevollen Freund darum bitten, dich anhand dieser Liste zu bewerten.

Wahre-Demut-Inventur

(in Bezug auf dein Verhalten anderen Menschen gegenüber)

a) Ich bin nicht selbst- und ehrsüchtig und versessen auf die Anerkennung von Menschen. ____

b) Ich bin in Gegenwart anderer nicht auffällig; ich versuche nicht, andere mit meiner Intelligenz oder meinen Fähigkeiten oder meiner Stellung in der Gesellschaft zu beeindrucken. ____

c) Ich benehme mich anderen gegenüber nicht arrogant, anmaßend oder überheblich. ____

d) Ich behandle andere nicht herablassend, bin nicht streitsüchtig und erniedrige niemanden. ____

e) Ich bin anderen gegenüber nicht eigensinnig oder stur. ____

f) Ich versuche nicht, mich mit denen, die über mir stehen oder Autorität über mich haben, auf eine Stufe zu stellen; ich respektiere von Gott eingesetzte Autoritäten und unterordne mich ihnen gerne. ____

g) Ich respektiere andere, die nicht so gebildet oder begabt sind wie ich selbst, und unterordne mich ihnen gerne. ____

h) Ich verteidige mich nicht, wenn andere mich zurechtweisen oder kritisieren. ____

i) Ich bin bereit, meine Sünden und Fehler vor anderen zu bekennen und tue dies häufig. ____

j) Ich bin bereit, Anweisungen und Korrekturen von anderen anzunehmen. ____

k) Ich bin bereit, anderen zu dienen und nicht verärgert, wenn mir dafür keine Dankbarkeit entgegengebracht wird. ____

l) Es stört mich nicht, wenn andere mehr Anerkennung erhalten als ich. ____

m) Es stört mich nicht, wenn andere die Anerkennung für etwas erhalten, das ich getan habe. ____

n) Ich bin bereit, anderen aufopfernd zu dienen, selbst wenn sie mir nicht helfen oder dienen wollen. ____

o) Ich bin bereit, anderen aufopfernd zu dienen, selbst wenn es mich belastet und Schwierigkeiten mit sich bringt. ____

p) Ich bin bereit, anderen zuzuhören anstatt selbst zu reden oder meine Meinung zu äußern. ____

q) Ich bin bereit, guten Rat zu suchen und anzunehmen. ____

r) Wenn ich Entscheidungen treffen muss, berücksichtige ich die Meinung und die Ratschläge anderer, bevor ich handle. ____

s) Ich führe einen ehrlichen Lebenstil, selbst dann, wenn sich andere über mich ärgern, wenn ich die Wahrheit darüber sage, was ich gesagt oder getan habe. ____

t) Ich bin christusgleich in meiner Einstellung, meinen Worten und meinen Taten anderen gegenüber. ____

2. Welche Punkte, die in diesem Kapitel über Demut aufgeführt wurden, stellen deiner Meinung nach die größte Herausforderung bzw. Hilfe dar? Welche der fünf zusätzlichen Erscheinungsformen der Demut, die in diesem Kapitel behandelt wurden, hatte für dich die größte Bedeutung?

3. Studiere die folgenden Verse und schreibe auf, wie hier wahre Demut bzw. Stolz sichtbar werden: 1.Mose 13,7-9; 2.Samuel 9, 1-8; Sprüche 28,23; 28,13; 13,1; 12,1; 15,12; 27,2; Lukas 14,7-11; Johannes 13,1-17; Apostelgeschichte 14,8-15; 18,24-28; Römer 12,10.16-21; 15,25-31; 1.Korinther 4,6-7; 16,15; Galater 2,11-15; Epheser 5,21; Philipper 2,3-4.17-22; 1.Petrus 5,5.

4. Denke zurück an die letzten Wochen deines Lebens und schreibe auf, wann du versucht warst, dich anderen Menschen gegenüber arrogant und anmaßend zu verhalten.

5. Denke zurück an die letzten Wochen deines Lebens und schreibe auf, wann du versucht warst, dich anderen Menschen gegenüber verächtlich oder herablassend zu verhalten.

6. Denke zurück an die letzten Wochen deines Lebens und schreibe auf, wann du versucht warst, dich anderen Menschen gegenüber eigensinnig oder stur zu verhalten.

7. Denke zurück an die letzten Wochen deines Lebens und schreibe auf, wann du versucht warst, dich mit Autoritätspersonen, die über dir stehen, auf eine Stufe zu stellen.

8. Denke zurück an die letzten Wochen deines Lebens und schreibe auf, wann du versucht warst, dich vor anderen zu verteidigen.

9. Denke zurück an die letzten Wochen deines Lebens und schreibe auf, wann du versucht warst, deine Sünden nicht zugeben und vor Gott und anderen nicht bekennen zu wollen.

10. Denke zurück an die letzten Wochen deines Lebens und schreibe auf, wann du versucht warst, dich anderen Menschen nicht unterordnen zu wollen – in Dingen, bei denen es nicht um biblische Grundsätze ging.

11. Denke zurück an die letzten Wochen deines Lebens und schreibe auf, wann du versucht warst, neidisch oder eifersüchtig auf andere zu sein.

12. Denke zurück an die letzten Wochen deines Lebens und schreibe auf, wann du versucht warst, anstatt anderen zuzuhören lieber selber zu reden, weil du im Mittelpunkt stehen wolltest.

13. Denke zurück an die letzten Wochen deines Lebens und schreibe auf, wann du versucht warst, anderen nicht aufopfernd dienen zu wollen.

14. Denke zurück an die letzten Wochen deines Lebens und schreibe auf, wann du versucht warst, unehrlich oder unaufrichtig zu sein, weil du der Missbilligung anderer Menschen entgehen wolltest.

15. Denke zurück an die letzten Wochen deines Lebens und schreibe auf, wann du versucht warst, nicht so zu denken, zu reden oder zu handeln, wie Jesus Christus es tun würde.

Kapitel 5
Die Torheit des Stolzes

Bis jetzt haben wir uns in diesem Buch darauf konzentriert, wie wertvoll die Demut und wie gefährlich der Stolz ist. In diesem Kapitel wollen wir nun genauer darauf eingehen, wie töricht es ist stolz zu sein. Wir wollen dies aus demselben Grund tun, aus dem unsere Regierung Millionen von Dollars ausgibt, um uns vor den Gefahren des Rauchens zu warnen. So wie das Rauchen eine zerstörerische – ja sogar tödliche – Gewohnheit ist, so ist der Stolz eine zerstörerische und tödliche Sünde. Er hat im Laufe der Geschichte nicht nur Satan und andere Engel zu Fall gebracht, sondern auch viele Männer und Frauen ruiniert.

Anstatt jedoch dagegen anzukämpfen, fördert unsere Welt den Stolz auch noch. Wenn ich vor einer Gruppe von Ungläubigen einen Vortrag über die Torheit des Stolzes halten würde, würden mich die Leute mit Sicherheit ansehen, als sei ich der einzige Dummkopf im Raum. Wir haben schließlich Programme in unseren Schulen, die darauf ausgerichtet sind, den Stolz zu fördern.

In der Tat sehen viele Menschen den Stolz nicht als die ultimative Sünde. Jakobus 4 macht deutlich, dass Satan den Stolz fördern und die Demut ersticken will. Er hat seine Strategien dafür; eine davon ist, die Flammen des Stolzes anzufachen und jeden eventuell vorhandenen Funken Demut auszutreten. Aus diesem Grund ist es unerlässlich, dass wir voll und ganz begreifen, wie dumm es ist stolz zu sein.

Wenn wir unser Herz kennen, wissen wir, dass es dazu neigt stolz zu werden, denn Stolz ist natürlich. Demut ist übernatürlich. Wie Charles Spurgeon erklärte: „Es gibt nichts, dem das menschliche Herz leichter verfällt als dem Stolz, und doch gibt es kein anderes

Laster, das in der Heiligen Schrift noch häufiger, entschiedener und ausdrücklicher verurteilt wird." Oder wie John Newton einmal schrieb:

> Für mich ist es leicht euch zu raten demütig zu sein und für euch ist es leicht anzuerkennen, dass dieser Rat angebracht ist; aber solange die menschliche Natur in ihrem jetzigen Zustand verbleibt, wird zwischen Beliebtheit und Stolz dieselbe Verbindung bestehen wie zwischen Feuer und Schießpulver: Sie können nicht aufeinander treffen ohne eine Explosion zu verursachen, außer wenn das Schießpulver sehr feucht gehalten wird.

Obwohl die Heilige Schrift und auch die Erfahrung der Menschheit die Zerstörungskraft des Stolzes bezeugen, ignorieren jeden Tag Millionen und Abermillionen von Menschen diese Warnung. Es ist einfach viel zu leicht nachzugeben und mit der Masse zu schwimmen.

Die Welt fördert den Stolz, Satan fördert den Stolz und unsere Herzen fördern den Stolz; dies macht deutlich, dass wir es mit einem sehr ernst zu nehmenden und schwierigen Gegner zu tun haben. Es ist absolut lebensnotwendig, dass wir sorgfältig ergründen, was Gott über den Stolz sagt, damit wir uns von ihm nicht verführen lassen.

In den vorigen Kapiteln haben wir darüber gesprochen, warum es so unvernünftig ist, wenn wir eine aufgeblasene, überzogene Meinung von uns selbst haben. In diesem Kapitel werden wir diesen Schwerpunkt fortsetzen, indem wir weitere Gründe betrachten, warum Stolz ein Ausdruck von Torheit ist.

Die Torheit des Stolzes: Die Sichtweise Gottes

Erstens: **Es ist töricht stolz auf sich selbst zu sein, wenn man bedenkt, wie Gott den stolzen Personen gegenüber eingestellt ist.** Willst du wissen, was Gott hasst? Salomo sagt uns in Sprüche 6,17, Gott hasst einen stolzen Blick. In Sprüche 16,5 drückt er es noch deutlicher aus: „Alle stolzen Herzen sind dem Herrn ein Gräuel." Gott hasst den Stolz, weil der Stolz einen Verstoß gegen das erste Gebot darstellt: „Du sollst keine anderen Götter neben mir haben!" (2.Mose 20,3)

Stolz ist Götzendienst am eigenen Ich. Wir sollen Gott allein verehren und dienen, denn Sein Wille ist absolut und Er allein ist Gott. Aber der Stolz behauptet, der Mensch solle die Vorherrschaft über Gott an sich nehmen. Gott verkündet durch Jesaja: „Ich will meine Ehre keinem anderen geben" (Jesaja 48,11). Gott wird keinen Eindringling dulden, der versucht sich über Ihn zu stellen. Gott hasst den Stolz, weil der stolze Mensch als Konkurrent Gottes auftritt. Der stolze Mensch versucht die Ehre, die Gott allein gebührt, zu stehlen.

Deshalb sagt uns Jakobus, dass Gott gegen die Stolzen feindlich gesinnt ist. Wenn wir stolz sind, treten wir als Konkurrenten gegen Gott an. Denk einmal kurz darüber nach: Du gegen Gott. Wie man es auch dreht und wendet, das ist kein Vergleich; wir haben gegen den allmächtigen Gott keine Chance. Thomas Watson erklärte: „Der stolze Mensch ist das Ziel, auf das Gott schießt. Und er verfehlt sein Ziel niemals."

Als Gläubige haben wir das Vorrecht, auf Gottes Seite zu stehen; das bedeutet, dass wir Frieden mit Ihm haben. Wenn wir aber eine stolze und arrogante Haltung zeigen, ist das so, als würden wir uns jetzt entscheiden, für die Gegnermannschaft zu spielen. Stell dir mal ein Fußballspiel vor, in dem ein Spieler den Ball plötzlich in das Tor der eigenen Mannschaft schießt. Genauso „erzielen wir Treffer" für das falsche Team, – Satans Team – wenn wir stolz sind.

Wenn wir sagen, wir lieben Gott, wie können wir dann jemals zufrieden damit sein etwas zu tun, das Er hasst? Das ist unmöglich. Wenn wir wirklich gläubig sind, werden wir stattdessen gegen den Stolz ankämpfen; denn wir begreifen, was die Heilige Schrift über Gottes Grundhaltung gegenüber stolzen Personen sagt.

Zweitens: **Es ist töricht, stolz auf sich selbst zu sein, denn außer Christus haben wir nichts, worauf wir stolz sein könnten.** Was würdest du von einem Menschen halten, der herumgehen und sehr überzeugt über alle möglichen Themen sprechen, dabei aber immer falsch liegen würde? „Zwei plus zwei ergibt fünf. Die Erde ist flach." Ich erinnere mich, wie peinlich es mir war, als ich kürzlich sah, wie jemand gefragt wurde, wer vor Bill Clinton Präsident gewesen war. Selbstsicher antwortete die Frau: „Colin Powell." Sie war sich mit ihrer Antwort so sicher und doch hatte sie völlig Unrecht. Es ist uns peinlich zu sehen, wie Menschen ihre Unwissenheit auf diese Art zur Schau stellen, weil sie jedem zeigen, wie wenig sie wirklich wissen.

Genau das gleiche tun wir aber, wenn wir stolz werden. Wir beweisen unsere Unwissenheit; wir zeigen jedem, wie wenig wir wirklich wissen. Wenn wir stolz sind, benehmen wir uns, als seien wir der Schöpfer, wobei wir doch eigentlich nur Seine Geschöpfe sind. Anders ausgedrückt: Wir vergessen unsere natürliche Bedeutungslosigkeit.

Lass uns einmal darüber nachdenken, was Menschen dazu veranlasst stolz zu sein. Oft sind Menschen stolz, wenn sie Macht über andere haben. Sie denken, sie sind etwas, nur weil sie eine höhere Position erreicht haben. Die Heilige Schrift erklärt, dass Gott derjenige ist, der Menschen Macht und Autorität gibt und diese Macht und Autorität auch wieder wegnehmen kann. Jesaja schreibt: „... der die Fürsten zunichte macht, die Richter der Erde in Nichtigkeit verwandelt..." (Jesaja 40,23)

In Daniel 4 erfahren wir, dass König Nebukadnezar diese Wahrheit am eigenen Leib erfahren musste. König Nebukadnezar war groß und stark und in den Augen dieser Welt eine unglaublich wichtige Person geworden. Aber anstatt Gott zu loben und Ihm die Ehre dafür zu geben, wurde er stolz auf sich selbst und seine Macht. Er erzählt selbst:

> Da begann der König und sprach: ›Ist das nicht das große Babel, das ich mir erbaut habe zur königlichen Residenz mit meiner gewaltigen Macht und zu Ehren meiner Majestät?‹
>
> Noch war das Wort im Mund des Königs, da erklang eine Stimme vom Himmel herab: ›Dir wird gesagt, König Nebukadnezar: Das Königreich ist von dir genommen! Und man wird dich von den Menschen verstoßen, und du sollst dich bei den Tieren des Feldes aufhalten; mit Gras wird man dich füttern wie die Ochsen, und sieben Zeiten sollen über dir vergehen, bis du erkennst, dass der Höchste Macht hat über das Königtum der Menschen und es gibt, wem er will!‹ (Dan. 4,27-29)

Die Ankündigung des Engels erfüllte sich in demselben Moment, in dem sie ausgesprochen war (Dan. 4,30) und in den Versen 31-34 erfahren wir, was Nebukadnezar aus dieser Erfahrung lernte:

> Da lobte ich den Höchsten und pries und verherrlichte den, der ewig lebt, dessen Herrschaft eine ewige Herrschaft ist und dessen Reich von Geschlecht zu Geschlecht währt; gegen welchen alle, die auf Erden wohnen, wie nichts zu rechnen sind; er verfährt mit dem Heer des Himmels und mit denen, die auf Erden wohnen, wie er will, und es gibt niemand, der seiner Hand wehren oder zu ihm sagen dürfte: Was machst du? …
>
> Nun lobe und erhebe und verherrliche ich, Nebukadnezar, den König des Himmels; denn all sein Tun ist richtig, und seine Wege sind gerecht; wer aber hochmütig wandelt, den kann er demütigen!

Daniel fasst die Lektion über Stolz und Demut zusammen, die Nebukadnezar lernen musste, als er mit dessen Sohn Belsazar spricht:

> O König! Gott, der Allerhöchste, hat deinem Vater Nebukadnezar das Königtum, die Majestät, die Ehre und die Herrlichkeit verliehen; und wegen der Majestät, die Er ihm gab, zitterten und bebten vor ihm alle Völker, Stämme und Sprachen … Da sich aber sein Herz erhob und sein Geist übermütig wurde bis zur Vermessenheit, wurde er von seinem königlichen Thron gestürzt, und seine Würde wurde ihm genommen …, bis er erkannte, dass Gott, der Allerhöchste, Macht hat über das Königtum der Menschen und darüber setzt, wen er will. (Dan. 5,18-21)

Dies ist ein eindrucksvolles Beispiel dafür, dass wir nicht stolz sein sollten, wenn uns Macht und Autorität verliehen werden. Die Lektion, die wir aus dem Leben des Königs Nebukadnezar lernen, ist die, dass wir jede Machtstellung und alles Ansehen aus der Hand Gottes empfangen haben, und Er sie uns mit Leichtigkeit in einem Augenblick wieder entziehen könnte, wenn Er es wollte.

Menschen sind oft stolz auf ihre Gaben und Fähigkeiten. Jemand, der sehr sportlich ist, stolziert vielleicht herum, weil er oder sie besser Basketball spielen kann als andere. Ein guter Mechaniker ist vielleicht stolz darauf, dass er gut darin ist Autos zu repariern. Eine hervorragende Köchin prahlt vielleicht mit ihrem Können in der Küche. Wir alle wissen: Wenn wir eine Begabung oder eine Fähigkeit besitzen, neigen wir dazu um uns herumzuschauen, ob es sonst noch jemand bemerkt hat.

Wir haben aber gar keinen Grund auf unsere Gaben und Fähigkeiten stolz zu sein, weil alles, was wir haben, ein Geschenk Gottes ist. Dies lässt sich eigentlich sehr einfach verdeutlichen. Können wir uns jemanden vorstellen, der an eine Herz-Lungen-Maschine angeschlossen ist und stolz darauf wird und damit prahlt, wie gut er atmen kann? Wir würden wahrscheinlich antworten: „Na schön, ich bin ja froh, dass du atmen kannst, aber siehst du denn nicht? Du atmest nur deswegen, weil du an diese Maschine angeschlossen bist." Alles, was wir haben, ist von Gott, selbst unser Atem. Wir sind völlig abhangig. Dies gilt für alles, was wir sind und tun.

In 1.Korinther 4,7 erklärt Paulus: „Denn wer gibt dir den Vorzug? Und was besitzt du, das du nicht empfangen hast? Wenn du es aber empfangen hast, was rühmst du dich, als ob du es nicht empfangen hättest?" Wenn wir mit unseren Gaben prahlen, lügen wir, denn wir reden und verhalten uns so, als hätten wir etwas erreicht, was wir nicht haben. In Wirklichkeit können wir überhaupt nur dann etwas erreichen, wenn Gott uns die Gnade dazu schenkt.

John Bunyan verdeutlicht diese Wahrheit so: „Stell dir eine klingende Zimbel vor. Eine klingende Zimbel ist ein Musikinstrument, worauf ein begabter Spieler solche Melodien und herzergreifende Musik spielen kann, dass alle, die es hören, sich kaum zurückhalten können, nicht zu tanzen; und doch hat die Zimbel keinen Funken Leben in sich und bringt keine Musik hervor, sondern sie klingt nur deswegen so schön, weil der Musikant, der sie spielt, so begabt ist." Alles, was wir tun, können wir nur deswegen tun, weil Gott uns dazu befähigt.

Es ist wirklich erstaunlich, was für eine heimtückische Sünde der Stolz ist, denn wir können sogar auf unsere Geistesgaben stolz werden. Ein Prediger kann auch auf eine Predigt stolz sein, in der er über

Demut gesprochen hat. Jemand anderes ist vielleicht stolz darauf, wieviel Geld er in den Opferteller gelegt hat. Gott hasst auch diese Art von Stolz und wir müssen dagegen ankämpfen.

Charles Spurgeon sagte einmal:

> Es ist für uns von allergrößter Wichtigkeit, dass wir demütig gehalten werden. Es ist eine hassenswerte Illusion, wenn wir uns selbst für wichtig halten, aber eine, der wir so leicht verfallen, wie das Unkraut auf einem Dunghaufen wächst. Wenn der Herr uns gebraucht, träumen wir auch bald davon, wichtig zu sein; wir denken, wir sind für die Gemeinde unersetzlich, tragende Säulen des Werkes und Grundsteine des Tempels Gottes. Wir sind Nichtse und Niemande, aber dass wir nicht so denken, ist sehr offensichtlich, denn sobald wir außer Gefecht gesetzt sind, fangen wir an, ängstlich zu fragen: „Wie wird die Arbeit ohne mich weitergehen?" Genauso gut könnte die Fliege, die auf dem Rad der Postkutsche sitzt, fragen: „Wie werden die Briefe ohne mich ausgetragen werden?" Es sind schon viel bessere Männer zu Grabe getragen worden, ohne dass das Werk des Herrn zum Stillstand gekommen wäre, und warum sollten wir uns ärgern, wenn wir eine kurze Zeit lang im Bett liegen müssen? Manchmal nimmt Gott uns die Kraft zu einem Zeitpunkt, wenn es so scheint, als würden wir am meisten gebraucht. Damit will Er uns zeigen, dass wir für das Werk Gottes nicht unverzichtbar sind. Auch wenn wir uns bis aufs Äußerste einsetzen, kommt Er doch sehr gut ohne uns aus. Es ist in der Tat überaus wünschenswert, dass das Ich klein gehalten und der Herr allein groß gemacht wird.

Als meine Frau vor einigen Jahren in der Vorschule unterrichtete, bemerkte sie eines Tages im Unterricht, wie sich eine Gruppe von Kindern um einen einzelnen Jungen zusammendrängte. Sie war neugierig zu erfahren, weswegen die Kinder so aufgeregt waren. Deshalb bat sie den Jungen zu ihr an den Tisch zu kommen. Als er nach vorne kam, zeigte er ihr ein Bild von Michael Jordan, wie er einen Basketball warf. Dann fragte ihn meine Frau, warum das Bild so besonders war. Der kleine Junge zeigte auf Michael Jordan und sagte: „Das bin ich. Da spiele ich Basketball."

Es war klar, das der Junge starke Größenphantasien hatte. Aber wie oft denken wir ähnlich über uns selbst? Wir dürfen uns nicht vormachen, jemand zu sein, der wir gar nicht sind. Wir sind nur Geschöpfe; wir dürfen nicht denken, wir seien der Schöpfer.

Wenn wir stolz werden, zeigen wir damit nicht nur, dass uns unsere naturgemäße und moralische Bedeutungslosigkeit nicht bewusst ist. Wir zeigen auch, dass uns unser geistlicher Zustand nicht klar ist. Wir Gläubigen haben oft ein viel zu rosiges Bild von unserem geistlichen Zustand. Das ist ein gefährliches Pflaster, denn wir werden die Großartigkeit dessen, was Gott für uns getan hat, solange nicht erkennen können, bis wir begreifen, was die Bibel über unseren Zustand vor unsrer Wiedergeburt sagt.

Paulus gebraucht in Römer 5,10 ein hervorragendes Wort, um zu beschreiben, wer wir waren, bevor Gott uns errettete, und bevor Er Sein fortdauerndes Gnadenwerk in unserem Leben begann. Er sagt, wir waren Gottes Feinde. Denk mal einen Moment darüber nach, was das bedeutet.

Vor unserer Wiedergeburt war unsere Denkweise gegen Gott gerichtet. Jonathan Edwards erklärte: „Es ist offensichtlich, dass der Verstand eines nicht wiedergeborenen Menschen naturgemäß nicht darauf ausgerichtet ist, über Gott nachzudenken. Und falls doch ein Gedanke an Ihn auftauchen sollte, verschwindet er schnell wieder. Im Verstand des natürlichen Menschen neigen solche Gedanken nicht dazu, Fuß zu fassen." In Römer 3,18 steht über Ungläubige: „Es ist keine Gottesfurcht vor ihren Augen."

Mit anderen Worten: Ungläubige denken nicht in der richtigen Art und Weise über Gott. Bevor wir gerettet wurden, haben wir Gott auch wenig beachtet. Er war in unseren Augen unbedeutend und verachtenswert. Wir fürchteten Ihn nicht. Für uns war wichtiger, was unsere Freunde über uns dachten, und wir hatten mehr Angst davor sie zu beleidigen, als davor, dem Gott zu missfallen, der uns gemacht hat.

Vor unserer Wiedergeburt war unsere Sehnsucht gegen Gott gerichtet. In Epheser 2,3 steht: „... unter ihnen führten auch wir alle einst unser Leben in den Begierden unseres Fleisches…" Wir hatten keine Sehnsucht nach Gott. Über Gott und seine Eigenschaften nachzudenken, war für uns eine lästige Aufgabe; stattdessen hatten wir ein Verlangen danach, Böses zu tun. Wenn wir in das nicht wiedergeborene Herz sehen, finden wir keine Leidenschaft für den wahren Gott, nur eine Leidenschaft für die eigene Person. Vor unserer Errettung hatten wir nicht einmal einen Funken Leidenschaft für Gott in uns. Wie Paulus sagt: „… die ihr tot wart durch Übertretungen und Sünden…" (Eph. 2,1)

Vor unserer Wiedergeburt war unser Wille gegen Gott gerichtet. Nicht wiedergeborene Menschen lieben Gott nicht; sie hassen Ihn. Wir sehen diesen Hass vielleicht nicht so deutlich, weil es Dinge gibt, wie Unglaube oder ein falsches Verständnis davon, wer Gott eigentlich ist, die diesen Hass für den Moment in Schranken halten. Aber beachte Folgendes: Solange im Herzen eines Menschen nicht ein Gnadenwerk geschieht, so dass er erkennt, wer Gott wirklich ist, wird er Ihn hassen. In Römer 3,10-11 steht: „Es ist keiner gerecht, auch nicht einer; es ist keiner, der verständig ist, der nach Gott fragt."

Vor unserer Wiedergeburt war unser Verhalten gegen Gott gerichtet. Paulus schreibt in Kolosser 1,21: „… die ihr einst entfremdet und feindlich gesinnt wart in den bösen Werken…" Als Ungläubige haben wir aktiv gegen Gott Krieg geführt, indem wir Seine Gebote missachteten und versuchten, Ihn vom Thron zu stoßen. Wir waren keine neutralen Zuschauer; wir waren Gott-Hasser und wir zeigten unseren Hass gegen Gott durch unser böses Leben.

Vor unserer Wiedergeburt war unsere Anbetung gegen Gott gerichtet. Jeder Mensch verehrt irgendetwas. Nicht wiedergeborene Menschen verehren die Schöpfung anstelle des Schöpfers. Niemand kann jedoch zwei Herren dienen. Wenn man also irgendjemand anderen verehrt als den wahren Gott, gibt man sich als Feind Gottes aus.

Wir müssen begreifen, dass wir Gottes Feinde waren, bevor wir errettet wurden. Wir suchten Ihn nicht und liebten Ihn nicht. Selbst unsere besten Taten waren in seinen Augen nichts weiter als befleckte Kleider, von Sünde verseucht. Wie töricht ist es, wenn wir auf uns selbst stolz sind, wenn doch außer Christus nichts Gutes an uns zu finden ist. Das wäre so, als wenn ein kleines Kind damit prahlen würde, dass es gerade die Windel voll gemacht hat. So anstößig das auch klingt, es ist noch widerwärtiger, stolz darauf zu sein, was wir sind oder was wir getan haben. Denn ohne Christus wären wir für den Herrn ein Gräuel.

Stolze Menschen haben eine unbiblische Meinung über Sünde und eine unbiblische Meinung über sich selbst. Wenn wir glauben, dass wir einst Feinde Gottes waren, hilft uns das, die Größe Christi zu verstehen. Jonathan Edwards erklärt es so:

> Wie wunderbar ist diese Liebe, die darin offensichtlich wird, dass Christus für uns in den Tod geschickt wurde. Denn das ist echte Feindesliebe … Wie wunderbar war die Liebe des Vaters, denen ein solches Geschenk zu geben, die für Ihn nicht nur nutzlos sondern auch Seine Feinde waren. Und das in solch einem großen Ausmaß. Wir hegten eine starke Feindseligkeit gegen Ihn, doch Er liebte uns so sehr, dass Er Seinen eigenen Sohn gab, damit Er Sein Leben für uns aufgab, um unser Leben zu retten. Er stieg von Seinem Thron herab, um als Diener zu leben; und anstatt Ihm einen Thron der Herrlichkeit zu geben, ließ der Vater Ihn ans Kreuz nageln und ins Grab legen, um uns den Zutritt zum Thron der Herrlichkeit zu verschaffen. Wie wunderbar war die Liebe Christi, dass Er die Liebe zu Seinen Feinden durch Seinen eigenen Tod bewies. Diejenigen, die Ihn so sehr hassten, dass sie Ihm Sein Leben nehmen wollten, liebte Er so sehr, dass Er freiwillig Sein Leben aufgab, damit sie durch Ihn Leben haben sollten.

Es ist töricht, stolz zu werden, denn außer Christus haben wir nichts, worauf wir stolz sein könnten. Jeder materielle oder geistliche Segen, den wir genießen dürfen, kommt direkt aus der Hand Gottes; das Einzige, was wir als unser Eigentum betrachten dürfen, ist unsere Sünde.

Die Torheit des Stolzes: Seine Frucht

Drittens: **Es ist töricht stolz auf sich selbst zu werden, wenn man bedenkt, was der Stolz bewirkt.** Es gibt einen Witz über zwei

Kaninchen: Zwei Kaninchen verstecken sich in einem Busch, weil sie von einem Rudel Wölfe umzingelt sind. Ein Kaninchen sieht das andere an und fragt: „Was meinst du, was wir tun sollen? Sollen wir versuchen zu entkommen oder sollen wir ein paar Minuten warten, bis wir in der Überzahl sind?“

Kaninchen vermehren sich sehr schnell und der Stolz auch. Der Stolz bekommt ständig kleine Babys, aber diese Babys sind keine süßen und knuddeligen kleinen Dinger – sie sind Monster. Diese Monster dringen in jeden Lebensbereich eines stolzen Menschen ein und beeinflussen alles, was er denkt und sagt und tut.

Mit anderen Worten: Der Stolz hat üble Nebenwirkungen. Wenn wir uns entscheiden müssen, ob wir eine bestimmte Medizin einnehmen wollen oder nicht, berücksichtigen die meisten von uns die Nebenwirkungen des Medikaments. Sollte auf dem Beipackzettel so etwas stehen wie: „Verlust der Geisteskraft, Koma, möglicher Tod…“, würden die meisten die Flasche wohl schnell wieder hinstellen und sich weigern, die Medizin zu nehmen. Wir würden sie wahrscheinlich nicht einmal im Haus haben wollen. Wir würden sie wahrscheinlich so schnell wie möglich zerstören. Wenn wir dem Stolz die gleiche Bedeutung beimessen würden, würden wir auch von ihm Abstand halten. Denn die Heilige Schrift sagt uns, dass der Stolz üble Nebenwirkungen hat.

Was sind die Nebenwirkungen oder Auswirkungen von Stolz? *Erstens:* Stolz bewirkt, dass wir Gott vergessen. In 5.Mose 8,11-14 warnt Gott die Israeliten vor dieser Gefahr: „Hüte dich, … damit nicht, wenn du isst und satt wirst und schöne Häuser erbaust und darin wohnst, und deine Rinder und Schafe sich mehren, und dein Silber und Gold sich mehren, und alles, was du hast, sich mehrt, [damit nicht] dann dein Herz sich überhebt und du den Herrn, deinen Gott, vergisst, der dich aus dem Land Ägypten herausgeführt hat…“

Zweitens: Stolz bewirkt, dass wir schlechte Entscheidungen treffen. In 2.Könige 14 erfahren wir, dass Amazja, der König von Juda, so stolz auf seinen Sieg über Edom wurde, dass er beschloss, mit Israel einen Kampf anzuzetteln. Obwohl er davor gewarnt wurde, führte Amazja seinen Plan aus und wurde geschlagen und gefangen genommen und sein Königreich wurde geplündert. In Sprüche 14,16 heißt es: „Der Weise fürchtet sich und weicht vom Bösen, aber der Tor ist übermütig und sorglos." Unser Stolz führt oft dazu, dass wir uns sorglos und gedankenlos verhalten und dadurch anderen und letztendlich auch uns selbst schaden.

Drittens: Stolz bewirkt, dass wir die Ehrfurcht vor Gott verlieren. In 2.Chronik 26 lesen wir, dass Gott dem König Usija im Krieg viele Siege schenkte und: „So verbreitete sich sein Ruhm weithin, weil ihm wunderbar geholfen wurde, bis er sehr stark wurde. Als er aber stark geworden war, überhob sich sein Herz zu seinem Verderben, und er versündigte sich an dem Herrn, seinem Gott, indem er in die Tempelhalle des Herrn ging, um auf dem Räucheraltar zu räuchern." (2.Chronik 26,15-16) Sein Stolz führte dazu, dass Usija korrupt und Gott untreu wurde und die Ehrfurcht vor Gott verlor.

Viertens: Stolz bewirkt Undankbarkeit. In 2.Chronik 32,24-25 steht: „Zu jener Zeit wurde Hiskia todkrank. Da betete er zum Herrn; der redete mit ihm und gab ihm ein Wunderzeichen. Aber Hiskia vergalt die Wohltat nicht, die ihm widerfahren war, sondern sein Herz überhob sich. Da kam der Zorn über ihn und über Juda und Jerusalem." Sein Stolz führte dazu, dass Hiskia für die Heilung, die Gott ihm geschenkt hatte, nicht dankbar war. Undankbare Menschen, die immer jammern, sind stolze Menschen.

Fünftens: Stolz bewirkt, dass wir durch unser Reden sündigen. In Psalm 31,19 lesen wir: „Die Lügenlippen sollen zum Schweigen gebracht werden, die frech reden gegen den Gerechten mit Hochmut und Verachtung!" Stolz führt zum Lügen und Lästern, besonders über solche, die das Richtige tun. Psalm 123,4 verbindet Stolz damit, wie wir andere behandeln: „Reichlich gesättigt ist unsere Seele mit dem Spott der Sorglosen, mit der Verachtung der Hochmütigen!"

Sechstens: Stolz bewirkt, dass wir unsere Ohren gegen das Wort Gottes verschließen und uns auf unseren eigenen Verstand verlassen. In Jeremia 13,9-10 steht: „So spricht der Herr: Gerade so will ich den Stolz Judas und den Stolz Jerusalems, der sehr groß ist, verderben! Dieses böse Volk, das sich weigert, auf meine Worte zu hören, das in der Verstocktheit seines Herzens wandelt und fremden Göttern nachgeht, um ihnen zu dienen und sie anzubeten, das soll werden wie dieser Gürtel, der zu nichts mehr taugt!"

Man könnte die Liste der Dinge, die der Stolz bewirkt, noch fortführen, aber wir sollten auch eine andere Liste betrachten: Dinge, die der Stolz verhindert. Stolz hindert uns daran zu beten, Gottes Wort zu lesen, lebensspendende Ermahnungen anzunehmen, unsere eigene Sünde zu erkennen und Buße zu tun. Er hindert uns daran, anderen wirklich zuzuhören, tiefe und bedeutsame Beziehungen zu entwickeln und für das Reich Gottes wirklich brauchbar zu sein. Und dies sind nur ein paar Geistesgaben von einer langen Liste, die durch den Stolz verhindert werden.

Jonathan Edwards fasste diesen Gedanken schön zusammen: „Stolz ist die stärkste Waffe, mit der Satan die Christen im Griff hält, und die Hauptquelle alles Bösen, das er einsetzt, um das Werk Gottes zu bremsen und zu behindern." Es ist töricht stolz zu sein, weil das Wort Gottes uns so vieles aufzeigt, was der Stolz bewirkt.

Der vierte Grund, warum Stolz eine Torheit ist, hängt eng mit dem vorigen Gedanken zusammen: **Es ist töricht, stolz auf sich selbst zu sein, wenn man bedenkt, welche Auswirkungen des Stolzes die Bibel aufzeigt.** Stell dir vor, wir planen eine Wanderung auf einem schwierigen Pfad. Wenn wir diesen Weg noch nie gegangen sind, sollten wir klugerweise jemanden fragen, der diesen Wanderweg kennt, ob er uns eine Karte geben könnte. Gehen wir einmal davon aus, dass diese Person uns eine Karte zeichnen und uns über die schwierigen Stellen, Tücken und versteckten Gefahren aufklären würde. Wenn wir soviel Hilfe zur Verfügung hätten, wären wir dumm, diese Karte wegzuwerfen, bevor wir losgingen, und die Warnungen und Ratschläge, die wir erhalten hätten, zu ignorieren.

Wir befinden uns alle auf so einer Reise – der Lebensreise – und wir haben eine unfehlbare Karte erhalten: Das Wort Gottes. Diese Karte hat jemand geschrieben, der nicht nur den Weg selbst gegangen ist, sondern ihn als dessen Eigentümer auch angelegt hat und gut kennt. Wir sind über alle Maßen gesegnet worden, weil der Eine, der unseren Weg am besten kennt, ihn uns gezeigt und uns vor den Gefahren gewarnt hat.

Aber wie oft beachten wir einfach nicht, was Er sagt? Die Bibel warnt uns davor, dass manche Menschen die wahre Glaubenslehre verdrehen oder sogar ihre eigene erfinden werden. Im Lauf der Geschichte haben viele pseudo-christliche Gruppen genau das getan, wovor die Heilige Schrift gewarnt hat; viele der Sekten unserer Zeit beachten die Warnungen der Bibel immer noch nicht. Zum Beispiel ist die Warnung aus 1.Timotheus 4,1-3 immer wieder auf taube Ohren gestoßen: „Der Geist aber sagt ausdrücklich, dass in späteren Zeiten etliche vom Glauben abfallen und sich irreführenden Geistern und Lehren der Dämonen zuwenden werden durch die Heuchelei von Lügenrednern, die in ihrem eigenen Gewissen gebrandmarkt sind. Sie verbieten zu heiraten und Speisen zu genießen…"

Viele sind vom Glauben abgefallen und haben die Heilige Schrift verdreht und viele haben diesen unbiblischen Lehren Beachtung geschenkt. Manchmal entscheiden sich Menschen einfach dafür, das genaue Gegenteil von dem zu tun, was Gottes Wort ihnen sagt – warum auch immer. Ein Beispiel finden wir in Daniel 4. In diesem Abschnitt wird uns berichtet, dass Nebukadnezar einen Traum hatte. Daniel deutete diesen Traum und erklärte dem König genau, was passieren würde und warum. Man könnte erwarten, dass Nebukadnezar sofort Buße tun würde, nachdem Daniel ihm seinen Traum genau erklärt und ihn gewarnt hatte; außerdem hatte Daniel ihn wegen seiner Sünde klar und direkt zurechtgewiesen und ihm seine Strafe ausführlich beschrieben. Stattdessen erfahren wir, dass er die Warnung ignorierte, seine Sünde fortsetzte und schließlich das Gericht Gottes zu spüren bekam, genauso wie Daniel es vorhergesagt hatte.

Wenn wir das Beispiel Nebukadnezars betrachten oder an Leute denken, die in Sekten verstrickt sind und offensichtlich die Bibel verfälschen, denken wir vielleicht: „Wie kann man sich so zum Narren halten lassen?" In Wahrheit aber passiert uns oft genau dasselbe, weil wir uns so leicht vom Stolz verführen lassen.

Wir können nicht abstreiten, dass Gott gut zu uns gewesen ist. In Seinem Wort hat Er uns ausführlich vor den Gefahren des Stolzes gewarnt; wir aber sollten diese Warnungen sehr genau beachten.

Der Herr bewahrt die Treuen,
und er vergilt reichlich dem, der hochmütig handelt. (Psalm 31,24)

Auf Übermut folgt Schande... (Sprüche 11,2)

Der Herr reißt das Haus der Stolzen nieder... (Sprüche 15,25)

Alle stolzen Herzen sind dem Herrn ein Gräuel, die Hand darauf – sie bleiben nicht ungestraft! (Sprüche 16,5)

Stolz kommt vor dem Zusammenbruch, und Hochmut kommt vor dem Fall. (Sprüche 16,18)

Der Hochmut des Menschen erniedrigt ihn... (Sprüche 29,23)

In Jesaja 2,11 wird über einen bestimmten Tag vorausgesagt: „Die stolzen Augen der Menschen werden erniedrigt, und der Hochmut der Männer wird gebeugt werden; der Herr aber wird allein erhaben sein an jenem Tag." Und Jesus sagt in Lukas 14,11: „Denn jeder, der sich selbst erhöht, wird erniedrigt werden; und wer sich selbst erniedrigt, der wird erhöht werden."

Die Heilige Schrift sagt sehr deutlich, dass der Stolz am Ende bestraft werden wird. Eine kuze Zeit lang können wir uns vielleicht vormachen, dass wir auf dieser Erde etwas sind. Und wir können vielleicht sogar ein paar andere dazu verleiten, es auch zu glauben, aber Gott können wir niemals täuschen. Der Tag wird kommen, da werden die Stolzen vor Gott stehen und gedemütigt werden und die Demütigen werden vor Gott stehen und erhöht werden.

Aber über manche stolze Menschen wird das Urteil schon gefällt, während sie sich noch auf dieser Erde befinden. Ein gutes Beispiel für einen Mann, der für eine stolze Tat unverzüglich gerichtet wurde, ist Herodes. In Apostelgeschichte 12,21-23 wird berichtet: „Aber an einem bestimmten Tag zog Herodes ein königliches Gewand an und setzte sich auf den Richterstuhl und hielt eine Rede an sie. Die Volksmenge aber rief ihm zu: Das ist die Stimme eines Gottes und nicht eines Menschen! Sogleich aber schlug ihn ein Engel des Herrn, weil er Gott nicht die Ehre gab; und er verschied, von Würmern zerfressen."

Wenn wir uns entscheiden stolz zu sein, spielen wir mit dem Feuer und werden die Konsequenzen zu spüren bekommen. Die Heilige Schrift sagt sehr deutlich, dass ein Tag kommen wird, an dem Gott alle Stolzen erniedrigen wird. In Maleachi 3,19 wird prophezeit: „Denn siehe, der Tag kommt, brennend wie ein Ofen! Da werden alle Übermütigen und alle, die gesetzlos handeln, wie Stoppeln sein, und der kommende Tag wird sie verbrennen, spricht der Herr der Heerscharen, so dass ihnen weder Wurzel noch Zweig übrigbleibt."

Auch diesen Gedanken könnten wir vom entgegengesetzten Blickwinkel aus betrachten. Wir haben jetzt ausführlich über die Auswirkungen des Stolzes gesprochen, aber genauso lange könnten wir auch über die vielen Vorteile der Demut reden.

Erst einmal steht in Psalm 34,19: „Der Herr ist nahe denen, die zerbrochenen Herzens sind, und er hilft denen, die zerschlagenen Geistes sind." Und in Psalm 51,19 steht: „Die Opfer, die Gott gefallen, sind ein zerbrochener Geist; ein zerbrochenes und zerschlagenes Herz wirst du, o Gott, nicht verachten." In Jesaja 57,15 sagt Gott: „In der Höhe und im Heiligtum wohne ich und bei dem, der zerschlagenen und gedemütigten Geistes ist, damit ich den Geist der Gedemütigten belebe und das Herz der Zerschlagenen erquicke." Und in Jesaja 66,2 wird wiederholt: „Ich will aber den ansehen, der demütig und zerbrochenen Geistes ist und der zittert vor meinem Wort."

Jesus sagt: „Glückselig sind die geistlich Armen, denn ihrer ist das Reich der Himmel! Glückselig sind die Trauernden, denn sie sollen getröstet werden! Glückselig sind die Sanftmütigen, denn sie werden das Land erben!" (Matt. 5,3-5) Wir haben bereits gesehen, dass Jakobus darüber schreibt, dass Gott verspricht, den Demütigen Gnade zu erweisen und sie zu erhöhen. Der Stolz ist nicht nur wegen seiner furchtbaren Auswirkungen so töricht, sondern auch deswegen, weil er dazu führt, dass uns die Segnungen der Demut entgehen.

Fünftens: **Es ist töricht, stolz auf sich selbst zu sein, weil Stolz ein Charakterzug der Gottlosen ist, nicht der Gerechten.** Wenn wir sagen, wir sind Christen, behaupten wir damit Gott nachzufolgen. Als seine Nachfolger sollten wir die Eigenschaften des Einen aufweisen, als dessen Nachfolger wir uns ausgeben. Wenn wir uns aber stolz zeigen, identifizieren wir uns stattdessen mit dem Feind.

Stolz zu sein ist nicht einfach nur ein Versehen oder ein Charakterfehler – es ist eine Sünde. Sprüche 21,4 warnt uns: „Hohe Augen und ein aufgeblasenes Herz – die Leuchte der Gottlosen ist Sünde." In Markus 7,22-23 erklärt Jesus, dass der Stolz böse ist und den Menschen verunreinigt. In 1.Johannes 2,16 lesen wir, dass der Stolz gegen Gott gerichtet ist. Und in Psalm 73 gebraucht der Verfasser den Stolz als Synonym für die Gottlosen.

Genau aus diesem Grund wird uns in 2.Timotheus 3,2 als ein Zeichen der letzten Tage genannt: „Die Menschen werden sich selbst lieben." Es ergibt einfach keinen Sinn, wenn ein Mensch behauptet, Gott zu lieben und sich um Rechtschaffenheit zu bemühen und dabei stolz ist. Denn damit sündigt er und verunreinigt sich, widersetzt sich Gott aktiv, benimmt sich wie die Gottlosen um ihn herum und lebt so, wie Paulus die Abtrünnigen der letzten Tage beschreibt.

Die Torheit des Stolzes: Das Vorbild Christi

Sechstens: **Es ist töricht, stolz auf sich selbst zu sein, wenn man bedenkt, wie Jesus Christus sich selbst erniedrigte.** Jesus Christus verdiente unbegrenzt Preis und Ehre. In Hebräer 1,3-12 wird die Herrlichkeit Christi wunderbar beschrieben:

> Dieser ist die Ausstrahlung seiner Herrlichkeit und der Ausdruck seines Wesens und trägt alle Dinge durch das Wort seiner Kraft... Denn zu welchem von den Engeln hat er jemals gesagt: »Du bist mein Sohn; heute habe ich dich gezeugt«?
>
> Und wiederum: »Ich werde sein Vater sein, und er wird mein Sohn sein«?
>
> Und wenn er den Erstgeborenen wiederum in die Welt einführt, spricht er: »Und alle Engel Gottes sollen ihn anbeten!«
>
> Von den Engeln zwar sagt er: »Er macht seine Engel zu Winden und seine Diener zu Feuerflammen«, aber von dem Sohn: »Dein Thron, o Gott, währt von Ewigkeit zu Ewigkeit. Das Zepter deines Reiches ist ein Zepter des Rechts. Du hast Gerechtigkeit geliebt und Gesetzlosigkeit gehasst; darum hat dich, o Gott, dein Gott gesalbt mit Freudenöl, mehr als deine Gefährten!«
>
> Und: »Du, o Herr, hast im Anfang die Erde gegründet, und

die Himmel sind das Werk deiner Hände. Sie werden vergehen, du aber bleibst... Du aber bleibst derselbe, und deine Jahre nehmen kein Ende.«

Christus ist Gott, Er besitzt die gleiche Herrlichkeit, Majestät und Weisheit und jede andere Eigenschaft, aber was hat Er getan? In Philipper 2 steht, dass Christus sich selbst demütigte. Er erniedrigte sich, nahm die Gestalt eines Knechtes an und gehorchte Seinem Vater, indem Er zuließ, dass man Ihn für unsere Sünde kreuzigte. Der Gott über alle wurde der Diener für alle. Wenn Christus, der doch perfekt war, sich schon freiwillig vor seinen Geschöpfen demütigte, wieviel mehr sollten wir uns freudig vor anderen erniedrigen?

Zusammenfassung

Stolz ist der oberste Gipfel der Torheit. Er ist töricht, weil der Stolz für Gott ein Gräuel ist und weil wir ohne Christus gar nichts sind. Er ist töricht, weil der Stolz furchtbare Dinge in uns bewirkt und wunderbare Segnungen verhindert. Er ist töricht, weil er vernichtende Auswirkungen hat, weil er uns mit dem Feind identifiziert und weil er das genaue Gegenteil davon ist, was Christus uns an Demut vorgelebt hat.

Eins der Dinge, die den Stolz so gefährlich machen, ist, dass es sehr schwierig ist, ihn bei sich selbst zu entlarven. Die eigentliche Definition von Stolz ist, sich selbst für besser zu halten, als man wirklich ist. Es ist also keine Überraschung, dass stolze Leute ihren eigenen Stolz meistens nicht erkennen. Aus diesem Grund ist es äußerst wichtig, dass wir uns regelmäßig Zeit dafür nehmen, unser Herz auf Anzeichen des Stolzes zu untersuchen. Wir müssen uns fest vornehmen, dass wir gegen den Strom der Welt, des Satans und selbst unseres eigenen Herzens schwimmen und diesen gefürchteten Feind der Gottesfurcht besiegen wollen.

ÜBUNGSAUFGABEN ZUR ANWENDUNG / DISKUSSION

1. Betrachte dieses Kapitel noch einmal und schreibe alle Gründe auf, warum es so äußerst töricht ist, stolz auf sich selbst zu sein, und warum es weise ist, demütig zu sein. Bereite dich darauf vor, sie jemand anderem zu erklären und ihn von der Torheit des Stolzes und der Weisheit der Demut zu überzeugen.

2. Finde heraus, was in diesem Kapitel deiner Meinung nach die größte Herausforderung bzw. Hilfe war. Welche Bereiche des Stolzes bzw. der Demut hatten für dich die größte Bedeutung? Erkläre.

3. Wähle aus diesem Kapitel fünf Bibelstellen oder Abschnitte, die für dich die größte Herausforderung bzw. Hilfe darstellten. Wenn du Schwierigkeiten damit hast, die fünf anspruchsvollsten herauszusuchen, wähle einfach fünf beliebige aus. Schreibe sie auf. Erläutere, warum sie eine Herausforderung bzw. eine Hilfe dabei darstellen, den Stolz zu überwinden und die Demut zu entwickeln. Erkläre, wie du die Wahrheiten aus diesem Kapitel nutzen könntest, um jemandem zu helfen, der mit Stolz zu kämpfen hat.

4. Wähle mindestens einen Bibelvers und lerne ihn auswendig.

Kapitel 6
Ja – aber wie?

Inzwischen denkst du wahrscheinlich: „Ich weiß jetzt, was die Bibel über die Sündhaftigkeit und Torheit des Stolzes sagt und wie wichtig und wertvoll echte Demut ist. Du hast mir einige Anregungen gegeben, wie man den Stolz überwinden und mehr Demut entwickeln kann, aber ich brauche noch mehr Anleitung, um das tun zu können, was die Bibel von mir erwartet. Ich brauche Hilfe, um diese Wahrheiten in die Praxis umsetzen zu können." Also, wie geht man dabei vor, wenn man den Stolz eindämmen und die Demut fördern will? In den nächsten beiden Kapiteln werden wir diese Frage beantworten.

Ich glaube, wir müssen dabei mehrere Dinge beachten. Als erstes müssen wir uns vergegenwärtigen, welche Mittel Gott einsetzt, um uns zu demütigen. Gott spielt schließlich die wichtigste Rolle dabei, den Stolz aus unserem Herzen zu beseitigen; denn wir haben keine Kraft uns zu ändern, wenn Er nicht an uns arbeitet. Gleichzeitig muss uns aber auch klar sein, dass wir selbst in diesem Prozess auch eine große Verantwortung tragen. Gott fordert uns auf, uns unter seine Hand zu demütigen (1.Petrus 5,6). Damit werden wir aufgefordert unseren Beitrag im Kampf gegen diese Sünde zu leisten.

Und noch etwas sollten wir bei unserem Kampf gegen die Sünde und für einen höheren „Demut-Quotienten" bedenken: Nämlich dass wir in diesem Leben niemals an den Punkt kommen werden, wo wir uns entspannt zurücklehnen können in der Meinung, dass wir unsere Neigung zum Stolz ganz überwunden haben. Die Bibelstellen, die uns auffordern uns zu demütigen, sind in der Gegenwart formuliert, was bedeutet, dass dies ein fortlaufender Prozess ist, bei dem man keine Pause einlegen kann. Seit dem Sündenfall in 1.Mose 3 ist der Stolz für uns so selbstverständlich wie das Atmen, die Demut dagegen stellt eine übernatürliche und ungewöhnliche Tugend dar.

Die folgende fiktive Geschichte verdeutlicht, was ich damit sagen will: Ein Mann bekam von seiner Kirche einen Anstecker, der ihn als demütigstes Mitglied der Gemeinde auszeichnete. Am folgenden Sonntag trug er stolz seinen Anstecker zur Kirche, um jeden daran zu erinnern, wie demütig er doch war. Er war so stolz auf seine Demut, dass er ihn unbedingt allen zeigen wollte. Das führte dazu, dass die Gemeinde ihm diesen Anstecker – zu Recht – wieder wegnahm. Die Moral der Geschichte? So ist die Demut. Sobald man denkt, man sei demütig, ist man es nicht mehr; sobald wir denken, wir haben sie, haben wir sie schon wieder verloren.

Den Stolz einzudämmen und die Demut zu entwickeln, ist ein lebenslanger Prozess. Wenn wir unseren Stolz überwinden wollen, treten wir einen Kampf an, den wir nie zu Ende bringen werden bis „dieses Sterbliche muss Unsterblichkeit anziehen“ (1.Kor. 15,53) – bis wir endlich im Himmel in der Gegenwart Gottes sind, wo es keine Neigungen zur Sünde mehr in uns oder um uns herum geben wird. Bis dahin müssen wir den guten Kampf kämpfen; wir müssen uns täglich darin üben, gottesfürchtig zu leben.

In diesem Kapitel werden wir darüber nachdenken, welche Mittel Gott einsetzt, um uns Demut zu lehren. Gott hat viele Möglichkeiten, um uns Gelegenheit zu geben, in diesem entscheidenden Bereich unseres Glaubenslebens zu wachsen. Es ist äußerst wichtig, dass wir lernen, diese Gelegenheiten zu erkennen und Gott in unseren Herzen wirken zu lassen; diese Umstände sollten nicht dazu führen, dass wir ängstlich oder unzufrieden werden.

Wahre Demut entwickeln: Die Grundlage

Unser Weg zur wahren Demut beginnt mit der Wiedergeburt. Die Bibel sagt sehr deutlich, dass ein nicht wiedergeborener Mensch nicht wirklich demütig sein kann. Es sollte uns in der Tat nicht erstaunen, wenn sich solche Menschen stolz benehmen. Stolz ist die Natur des Ungläubigen, der nicht weiß, dass man auch anders sein kann. In Psalm 10,4 beschreibt die Bibel den Ungläubigen so: „Der

Gottlose sagt in seinem Hochmut: »Er wird nicht nachforschen!« Alle seine Gedanken sind: »Es gibt keinen Gott«!" Aber bevor wir jetzt denken, wir seien viel besser, sollten wir uns daran erinnern, dass auch unsere Herzen sündig und stolz waren, solange wir nicht gerettet waren. Wir waren genauso hochmütig und genauso blind dafür, dass wir Christus brauchten, wie jeder nicht wiedergeborene Mensch von Natur aus ist.

Wahre Demut kann also nur dort beginnen zu wachsen, wo der Heilige Geist bei unserer Wiedergeburt beginnt, an uns zu arbeiten und wir erkennen, wie verdorben wir sind. Allein durch das Wirken des Heiligen Geistes in uns werden wir befähigt zu sehen, wie dringend wir Gott wirklich brauchen. Wenn wir unser Leben erst einmal Gott ausgeliefert, Ihm unsere Sünden ehrlich bekannt und unsere Hoffnung allein auf Seine Vergebung gesetzt haben, haben wir den Prozess in Gang gesetzt, der den Stolz aus unserem Leben beseitigen und die Demut entfalten kann. Wahre Demut beginnt mit dem Gebet des Zöllners: „O Gott, sei mir Sünder gnädig!" (Lukas 18,13)

Das zweite Mittel, das Gott einsetzt, um in uns die wahre Demut zu fördern, ist der Heilige Geist. Die Schrift lehrt uns, dass wahre Demut das Werk des Heiligen Geistes ist. In Galater 5,19-21 werden die Eigenschaften beschrieben, die unser Fleisch hervorbringt: Unmoral, Unreinheit, Götzendienst, Konflikte, Neid und andere Übel. Die meisten dieser Übel sind direkte Auswirkungen des Stolzes. Gott sagt in seinem Wort, dass wir von uns aus nichts Gutes tun können.

Die Frucht des Geistes hingegen ist „Liebe, Freude, Friede, Langmut, Freundlichkeit, Güte, Treue, Sanftmut, Selbstbeherrschung..." (Gal. 5,22-23) All dies sind gottgefällige Eigenschaften und Anzeichen für wahre Demut. Stolzen Menschen fehlt Liebe für andere, Freude in allen Situationen, Friede in ihren Beziehungen zu anderen Menschen und Geduld in Schwierigkeiten. Nur bei demütigen Menschen sind die Charakterzüge, die in Galater 5,22-23 aufgeführt werden, dauerhaft sichtbar; denn der Heilige Geist arbeitet an den Gläubigen und bewirkt in ihnen diese Eigenschaften. Deshalb ist es so wichtig, dass wir darum beten, dass der Heilige Geist uns hilft und die Kraft gibt, die Demut in uns wachsen zu lassen.

Als Drittes gebraucht Gott sein Wort, um in uns Demut zu bewirken. In 2.Timotheus 3,16 steht: „Alle Schrift ist von Gott eingegeben und nützlich zur Belehrung, zur Überführung, zur Zurechtweisung, zur Erziehung in der Gerechtigkeit.“ Wenn wir die Bibel lesen und studieren, zeigt uns der Heilige Geist unsere Sünde und wie wir sie überwinden können, indem Er uns ständig überführt und zurechtweist.

Nehemia berichtet, wie dies im Leben des Volkes Israel geschah:

> Und Esra öffnete das Buch vor den Augen des ganzen Volkes; denn er stand höher als das ganze Volk. Und als er es öffnete, stand das ganze Volk auf. Und Esra pries den Herrn, den großen Gott; und das ganze Volk antwortete mit aufgehobenen Händen: Amen! Amen! Und sie verneigten sich und beteten den Herrn an, das Angesicht zur Erde gewandt.
>
> Und Jeschua, Bani, Serebja, Jamin, Akkub, Sabbetai, Hodija, Maaseja, Kelita, Asarja, Josabad, Hanan, Pelaja, die Leviten, erklärten dem Volk das Gesetz, während das Volk an seinem Platz blieb. Und sie lasen aus dem Buch des Gesetzes Gottes deutlich vor und erklärten den Sinn, so dass man das Gelesene verstand.
>
> Und Nehemia – das ist der Statthalter – und Esra, der Priester, der Schriftgelehrte, und die Leviten, die das Volk lehrten, sprachen zu dem ganzen Volk: Dieser Tag ist dem Herrn, eurem Gott, heilig! Darum seid nicht traurig und weint nicht! Denn das ganze Volk weinte, als es die Worte des Gesetzes hörte. (Neh. 8,5-9)

Die Israeliten weinten, weil sie sich durch das Wort Gottes überführt sahen und gedemütigt fühlten. Ihnen war bewusst geworden, wie wenig sie Seinem Anspruch gerecht geworden waren und wie stark sie sich gegen Gott verschuldet hatten mit allem, was sie getan bzw. nicht getan hatten.

Wir haben in 2.Könige 22-23 bereits gesehen, wie sich König Josia demütigte. Nachdem das Buch des Gesetzes jahrelang ignoriert worden war und das Volk jahrelang in Ungehorsam und großer

Sünde gelebt hatte, wurde die Schriftrolle gefunden und dem König und dem ganzen Volk vorgelesen. König Josia war von seiner Sünde so überwältigt, dass er seine Kleidung zerriss. Dann befahl er dem Priester Hilkija und einigen anderen, den Herrn für ihn zu befragen.

Josia wollte mehr über das Wort Gottes erfahren, um es gemeinsam mit seinem Volk befolgen zu können; so bewies er wahre Demut. Ihm wurde klar: „... groß ist der Zorn des Herrn, der gegen uns entbrannt ist, weil unsere Väter nicht auf die Worte dieses Buches gehört haben, dass sie alles getan hätten, was uns darin vorgeschrieben ist." (2.Könige 22,13) Die Israeliten hatten nicht gehorcht, weil sie und ihre Herrscher stolz waren.

Der Herr erhörte Josias demütiges Gebet und verschonte ihn vor der Zerstörung, die das Volk Israel bedrohte: „Weil dein Herz weich geworden ist und du dich vor Gott gedemütigt hast, als du seine Worte gegen diesen Ort und gegen seine Einwohner hörtest, ja, weil du dich vor mir gedemütigt und deine Kleider zerrissen und vor mir geweint hast, so habe auch ich darauf gehört, spricht der Herr." (2.Chr. 34,27) Wenn wir das Wort Gottes lesen, es studieren und Predigten dazu hören, sollte unsere Reaktion darauf genauso demütig sein wie die des Josia. Die Heilige Schrift sollte uns immer wieder dazu bringen, in Reue und Demut auf die Knie zu gehen, wenn wir sehen, wie sündig wir sind, weil wir Gott und Seine Gebote nicht ernst genommen haben.

Wenn wir also von der Möglichkeit Gebrauch machen wollen, uns von der Heiligen Schrift überführen und zurechtweisen zu lassen, müssen wir bereit sein, uns der Lehre und der Verkündigung des Wortes so oft wie möglich auszusetzen. Dies muss mit einem starken Willen verbunden sein, uns unsere Fehler zeigen und uns neu ausrichten zu lassen. Und wir müssen das Wort Gottes selbstständig und sorgfältig studieren; dabei sollten sich unsere Herzen danach sehnen, täglich korrigiert und angeleitet zu werden.

Wahre Demut entwickeln: Das läuternde Feuer

Neben den grundlegenden Dingen wie der Errettung durch den Glauben, dem Wirken des Heiligen Geistes und der Überführung durch Sein Wort hat Gott noch weitere Mittel und Wege, um uns Demut zu lehren. Die anderen Mittel könnte man als Teil des läuternden Feuers der Schwierigkeiten bezeichnen, die Gott gebraucht, um uns zu testen und zu beweisen: „Siehe, ich habe dich geläutert, aber nicht im Silberschmelzofen; im Schmelzofen des Elends habe ich dich geprüft." (Jesaja 48,10)

Erstens: **Gott gebraucht schmerzliche Erfahrungen, um uns zu demütigen.** Der Herr führt uns in Situationen, über die wir absolut keine Kontrolle haben. Die Israeliten mussten vierzig schwere Jahre in der Wüste verbringen, während Gott sie lehrte demütig zu sein. Moses erinnerte das Volk:

> Und du sollst an den ganzen Weg gedenken, durch den der Herr, dein Gott, dich geführt hat diese 40 Jahre lang in der Wüste, um dich zu demütigen, um dich zu prüfen, damit offenbar würde, was in deinem Herzen ist, ob du seine Gebote halten würdest oder nicht. Und er demütigte dich und ließ dich hungern und speiste dich mit dem Manna, das weder du noch deine Väter gekannt hatten, um dich erkennen zu lassen, dass der Mensch nicht vom Brot allein lebt, sondern dass er von all dem lebt, was aus dem Mund des Herrn hervorgeht. Deine Kleider sind nicht zerlumpt an dir, und deine Füße sind nicht geschwollen diese 40 Jahre. So erkenne nun in deinem Herzen, dass der Herr, dein Gott, dich erzieht, wie ein Mann seinen Sohn erzieht. (5.Mose 8,2-5)

Gott führte sein Volk in die Wildnis, um es zu prüfen. Das Land, in dem sie vierzig Jahre lang herumirrten, war nichts weiter als öde Wüstenlandschaft. Tag für Tag waren die Kinder Israel darauf angewiesen, dass Gott sie mit allem Nötigen versorgen würde. Anstatt ihnen eine üppige und abwechslungsreiche Kost zu bieten, ließ Er sie zeitweise hungern und gab ihnen immer nur soviel Manna, wie sie für einen Tag brauchten. Warum ließ Gott sie diese lange schwierige Zeit durchmachen? Die Heilige Schrift sagt uns, dass Er herausfinden wollte, was ihnen näher am Herzen lag: Gehorsam oder Rebellion, Demut oder Stolz.

Genauso führt der Herr auch uns manchmal in die Wüste, um

uns bewusst zu machen, wie es in unseren Herzen aussieht. Diese Zeiten der Prüfung zeigen uns, wie stark wir dazu tendieren, unzufrieden, selbstsüchtig und bitter zu werden, wenn die Dinge nicht so laufen, wie wir es gerne hätten. Wenn wir denken: „Das habe ich nicht verdient! Warum passiert das gerade mir?!“, dann beweisen wir damit letztendlich unseren Stolz. Wenn das Manna des Herrn für uns nicht gut genug ist, können wir mit Sicherheit davon ausgehen, dass in unseren Herzen Stolz vorhanden ist.

Gott gebraucht schwierige Umstände, um uns klar zu machen: Wir sind absolut in jeder Hinsicht von Gott abhängig! Wahre Demut setzt voraus, dass wir uns unserer vollkommenen Abhängigkeit von Gott absolut bewusst sind und diese voll anerkennen. Wir können uns in dieser Welt auf nichts verlassen, weder auf unser Geld, noch unsere Arbeit, unsere Mahlzeiten, unsere Familie oder sonst irgendetwas. Wie das Leben des Hiob beweist, können uns all diese Dinge in einem Augenblick genommen werden. Und gerade solche Erfahrungen muss Gott manchmal gebrauchen, um unsere Aufmerksamkeit zu erregen und uns verständlich zu machen, dass wir völlig auf Ihn angewiesen sind. Gelobt sei Gott, dass Er uns so sehr liebt und bereit ist, uns in schwierige Situationen zu bringen, um uns unseren Stolz zu zeigen!

Zweitens: **Gott gebraucht andere fromme Menschen, die weiser, reifer, begabter und erfolgreicher sind als wir, um uns demütiger zu machen.** Wenn wir von Menschen umgeben sind, die begabter sind als wir, werden wir manchmal neidisch. Anstatt Gott für unsere Gaben zu danken und Ihn für die Talente der anderen zu loben, wünschen wir uns selbst ihre Gaben zu besitzen. Wir vergleichen das, was wir erreicht haben, mit den Leistungen anderer anstatt anzuerkennen: „Ich bin wirklich nichts und alles, was Gott durch mich erreicht, geschieht durch Seine Macht.“

Manchmal gebraucht Gott Menschen aus der Bibel als Vorbilder, um uns Demut zu lehren. Wir lesen z.B. die Geschichte von Joseph, der von seinen Brüdern misshandelt, in die Sklaverei verkauft, falsch beschuldigt und ins Gefängnis geworfen wurde. Joseph wurde wegen seiner Umstände niemals verbittert oder verärgert gegen diejenigen, die ihn falsch behandelt hatten, und machte Gott keine Vorwürfe deswegen. Wie konnte er so viele schwierige Jahre hindurch gehorsam bleiben? Er konnte es, weil er ein demütiger Mann war.

Wenn wir das Leben eines Mannes wie Joseph betrachten, sollten wir uns fragen: „Wie würde ich wohl auf solche Schwierigkeiten reagieren? Was würde ich tun, wenn mich meine Familie schlecht behandeln würde? Was würde ich tun, wenn ich falsch beschuldigt und ins Gefängnis geschickt würde?" Vergleichen wir einmal unsere Reaktionen in ähnlichen Situationen damit, wie Joseph reagierte. Angesichts seiner aufrichtigen Demut sollten wir in der Lage sein, unseren eigenen Stolz einzusehen.

Auch von anderen treuen Gläubigen aus der Geschichte können wir Demut lernen. Erst kürzlich fühlte ich mich durch die Biographien von zwei Glaubensriesen stark herausgefordert. Die eine Biographie war die von William Carey, der viele Jahre als Missionar in Indien tätig war. Er arbeitete lange Zeit für Christus, ohne irgendwelche greifbaren Ergebnisse zu sehen, aber er setzte seinen Dienst fort. Einige Leute, die ihn finanziell und im Gebet unterstützen sollten, fingen an, ihn stark zu kritisieren. Er verlor seine erste Frau, heiratete wieder und hatte mit aufsässigen Kindern zu kämpfen. Immer wieder geriet Carey in Situationen, in denen sich die meisten von uns beklagen, verbittert werden oder einfach aufgeben würden.

Während ich seine Geschichte las, dachte ich: „Was hätte ich wohl in diesen Situationen getan?" Im Lauf seines Lebens verließ sich Carey immer wieder auf Römer 8,28: „Wir wissen aber, dass denen, die Gott lieben, alle Dinge zum Besten dienen, denen, die nach dem Vorsatz berufen sind." Sein demütiges Leben ist für meinen eigenen Kampf gegen den Stolz und für mehr Demut eine hilfreiche Ermahnung und Herausforderung.

Die andere Biographie war die von Jonathan Edwards, einen der brillantesten, gebildetsten und begabtesten Männer, die in Amerika jemals bekannt geworden sind. Wir kennen ihn als den Mann, von dem die Predigt „Sünder in den Händen eines zornigen Gottes" stammt. Während er diese Botschaft predigte, wurde eine große Menschenmenge zur Sündenerkenntnis geführt und nahm Christus im Glauben an. Wir kennen ihn als den Mann, den Gott während der Großen Erweckung im 18. Jahrhundert in einer ungewöhnlichen

Art und Weise gebrauchte. Wir kennen ihn als den Mann, der zahlreiche theologische und praktische Bücher geschrieben hat, die heute noch gedruckt und studiert werden. Wir kennen ihn als den Mann, der der Vater und Patriarch einer großen Nachkommenschaft wurde, die über Jahrhunderte beachtliche Beiträge für die Kirche und die Nation geleistet haben. (Unter seinen Nachkommen befinden sich hunderte von Pastoren und Missionaren, College-Vorsitzenden, Regierungsbeamten, College-Professoren, etc.)

Ja, viele überragende Leistungen von Jonathan Edwards kennen wir, aber die Tatsache, dass er viele Jahre das Opfer übler, boshafter und unberechtigter Kritik war und starken Widerstand, falsche Gerüchte und üble Nachrede ertragen musste, ist weniger bekannt. Genauso wenig ist bekannt, dass viele ihn abgrundtief hassten und alles Mögliche unternahmen, um ihm und seiner Familie zu schaden. Es ist auch nicht bekannt, wie schlecht die Stadt und die Kirche, in der er hart arbeitete und diente, diesen begabten, kompetenten, engagierten und demütigen Mann behandelte. Die Tatsache wird oft übersehen, dass er nach vielen aufopfernden Jahren im Dienst der Kirche in Northampton, Massachusetts, aus dem Amt gewählt und aufgefordert wurde zu gehen. Nachdem er ihnen viele Jahre treu gedient hatte, lehnten die Menschen ihn ab und machten ihm klar, dass er und sein Dienst nicht mehr erwünscht waren. Es sah sogar so aus, als sei er die meiste Zeit über bei vielen Mitgliedern der Kirche und Einwohnern der Stadt gar nicht beliebt gewesen.

Es ist nicht sehr bekannt, wie Edwards auf seine Feinde reagierte, wie er weiterhin denen, die ihn beschimpften und schlimme Dinge über ihn sagten, Mitgefühl und Freundlichkeit erwies. Genauso wenig weiß man über seine beispielhafte Demut, die genauso bemerkenswert war wie sein Scharfsinn und seine Begabung. Die Biographie von Jonathan Edwards war eine gewaltige Herausforderung für mich, denn sie ließ mich erkennen, wieviel mir von dieser Demut noch fehlt, die er bewies. Sie hat mich dazu gebracht, meine Sünde zu bekennen und Gott um Hilfe zu bitten, damit ich Edwards ähnlicher werden kann, der seinem Erlöser so ähnlich war.

Durch das Leben von Carey und Edwards konnte Gott mir meinen Stolz bewusst machen und mich (hoffentlich) auch etwas demütiger machen. Genauso kann Gott auch das Leben von vielen anderen Gläubigen gebrauchen, um in uns allen das gleiche zu bewirken. Oh, welche Lektionen über Demut könnte Gott uns beibringen, wenn wir John Bunyan, John Paton, Charles Simeon, Amy Carmichael, Joni Eareckson Tada und unzählige andere studieren würden! Ihr Leben ist ein Zeugnis der Gnade Gottes, der diejenigen demütigt, die Er liebt. Sei es, dass wir Schwierigkeiten durchmachen müssen, oder uns darüber freuen können, dass wir keine haben – es sollte für uns eine Ermutigung und eine Herausforderung sein.

Drittens: **Gott lässt uns durch andere Menschen zurechtweisen und kritisieren, um so in uns mehr Demut zu bewirken.** Es gibt nur wenige Dinge im Leben, die uns so gut helfen, die Tiefe unseres Stolzes zu begreifen, wie unsere natürliche Reaktion auf eine ehrliche Zurechtweisung oder Kritik. Und unser Stolz wird erst recht dann entlarvt, wenn wir zu Unrecht kritisiert werden. Das stolze Herz ist sofort bereit sich zu verteidigen, während das demütige den Angriff einfach hinnimmt. Gott lässt in unserem Leben sowohl gerechtfertigte wie ungerechtfertigte Kritik zu, damit wir lernen, demütig zu reagieren.

In 2.Korinther 12 lesen wir über den Pfahl im Fleisch, den Paulus während seines Dienstes erdulden musste. Paulus bat Gott den Pfahl zu entfernen, aber Gottes Antwort lautete: „Lass dir an meiner Gnade genügen, denn meine Kraft wird in der Schwachheit vollkommen!“ (12,9) Der Herr gebrauchte diesen Pfahl dazu, dass Paulus demütig blieb und sich in allen Dingen auf Gott verließ.

Vers 10 deutet darauf hin, dass zumindest ein Teil dieses Pfahls Beschimpfungen und Verfolgungen waren. In Philipper 1 erfahren wir, dass einige dieser Leute sogar Glaubensbrüder des Paulus waren. Obwohl Gott diese Schwierigkeiten mit Leichtigkeit hätte beseitigen können, ließ Er sie zu, weil sie Paulus zum Guten dienen sollten. Gott wollte Paulus demütig halten, um Seine Kraft durch die Schwachheit des Paulus wirken zu lassen. Eigentlich können wir davon ausgehen, dass der Dienst des Paulus gerade wegen dieser Schwierigkeiten sogar noch effektiver war. Wenn es nicht so wäre, hätte Gott sie beseitigen können und es wohl auch getan.

Kürzlich verbrachte ich ein Wochenende im Dienst in Texas. Am

Samstagabend und Sonntagnachmittag verbrachten meine Frau und ich etwas Zeit mit dem Pastor der Gemeinde, in der ich am Sonntag predigte, und seiner Frau. Während unserer Gespräche mit diesem Pastor fiel uns beiden auf, dass er höchst intelligent und klug und sehr gebildet war (nicht weil er versuchte, uns zu beeindrucken, sondern durch die Art, wie er sich ausdrückte und unsere Fragen beantwortete). Aber gleichzeitig beeindruckten uns auch einige andere Charakterzüge, die wir bei ihm beobachteten: Sein Mitgefühl, seine Freundlichkeit, seine Hingabe, sein Einsatz, seine dienende Haltung und besonders seine Demut. Er zögerte nicht zuzugeben, dass er Fehler gemacht und viel zu lernen hatte. Er erzählte uns, dass er zwar gut darin ausgebildet war, die Bibel auszulegen und zu erklären, aber einen großen Mangel darin aufwies, sie anzuwenden und praktisch und relevant werden zu lassen.

Dann erzählte er uns von einem Zwischenfall zwischen ihm und einem seiner Mit-Ältesten. Dieser Älteste teilte ihm eines Tages mit, dass er die Gemeinde verlassen werde. Als er nach dem Grund gefragt wurde, antwortete er: „Weil ich deine Predigten nicht verstehe. Ich verstehe einfach nichts, wenn du predigst." Der Pastor fragte: „Was ist denn mit meinen Predigten, dass du sie nicht verstehst? Erklär mir bitte, wie ich sie verständlicher und hilfreicher gestalten kann." Der Pastor wusste, wenn dieser Mann und seine Frau ihn nicht verstanden, dann gab es bestimmt noch mehr Leute, die seine Predigten nicht verstanden, die sich aber nicht trauten, es ihm zu sagen. Dann hatte er eine Idee, wie er diese Situation nutzen könnte, um sich als Pastor weiter zu entwickeln. Deshalb sagte er zu dem Mann: „Vielleicht kannst du mir helfen, ein besserer Prediger zu werden. Wie wäre es, wenn wir uns zu einem Gespräch treffen, sobald ich eine Botschaft vorbereitet habe? Dann könntest du dir meine Notizen ansehen und mir sagen, was du nicht verstehst und wie ich meine Botschaft verständlicher machen kann. Ich möchte verstanden werden, wenn ich predige. Du könntest mir dabei helfen, mich zu verbessern. Würdest du das tun?"

Was für eine beispielhafte Demut bewies dieser Pastor! Der Älteste griff ihn auf einem Gebiet an, wo es die meisten Pastoren am stärksten treffen würde. Er sagte ihm, dass er ausgerechnet auf dem Gebiet versagt hatte, für das er ausgebildet worden war und das eines der wesentlichsten seines Dienstes darstellte. Anstatt sich zu verteidigen, anstatt verbittert und depressiv zu werden, streckte dieser Pastor die Hand aus und bat ausgerechnet denjenigen um Hilfe, der ihn kritisiert hatte. Er reagierte nicht mit Sturheit, Verärgerung oder Rechtfertigung. Vielmehr bat er außer diesem Ältesten noch andere um Hilfe, bei denen er erkannt hatte, dass sie in ihren Predigten die Bibel nicht nur auslegen, sondern auch praktisch anwenden konnten.

Er konnte auf diese Art reagieren, weil er wusste, dass er kein perfekter Mensch und kein perfekter Prediger war. Er wusste, dass er noch viel Raum zum Wachsen hatte und noch vieles lernen musste. Er konnte auch deswegen so reagieren, weil er glaubte, dass Gott souverän ist und diesen Vorfall in seinem Leben zu seinem Besten und zu Gottes Ehre zugelassen hatte (Römer 8,28; Jakobus 1,2-4). Weil er der Heiligen Schrift glaubte, konnte er den Ältesten als ein Werkzeug betrachten, das Gott zu einem guten Zweck gebrauchte. Genauso können wir auch sicher sein, dass Gott uns vor Beleidigungen beschützen könnte und würde, wenn Er wollte. Wenn Er es nicht tut, wissen wir, dass Er die Beleidigungen und Kritik zulässt, weil Er weiß, dass wir Demut lernen müssen. Wenn andere uns immer nur loben und ermutigen würden, wären wir geneigt, von uns selbst eine bessere Meinung zu haben als wir sollten. Unser Ansehen bei den Menschen könnte unseren Stolz nähren. Da Gott aber unsere Demut fördern will, lässt Er gelegentlich zu, dass wir angegriffen werden. Wenn es wirklich unser Wunsch ist, demütiger zu werden, müssen wir lernen, diese Gelegenheiten zum Wachstum anzunehmen.

Viertens – mit direktem Bezug auf den vorigen Punkt: **Gott lässt zu, dass uns andere Menschen missverstehen und falsch deuten.** Mit anderen Worten: Manchmal lässt Gott zu, dass andere uns für unsere Taten Motive unterstellen, die nicht zutreffen. Im zweiten Korintherbrief wird berichtet, dass einige Leute Paulus verleumdeten und ihn beschuldigten, seinen Dienst aus verschiedenen Motiven zu tun: Aus Stolz, für Anerkennung und finanziellen Gewinn – Beschuldigungen, die völlig falsch waren.

Für mich persönlich ist es das Schlimmste, wenn über mich etwas Falsches erzählt wird oder ich falsch verstanden werde. Wenn ich etwas Bestimmtes gesagt oder getan habe und weiß, warum ich es gesagt oder getan habe, habe ich große Schwierigkeiten damit, wenn ich höre, dass jemand mich falsch verstanden hat. Aber Gott hat mich in solche Situationen gebracht, um mir zu zeigen, wie stolz ich bin. Wir können nicht mit einem Problem kämpfen, dessen wir uns gar nicht bewusst sind. Deshalb gebraucht Er solche Schwierigkeiten, um uns das Ausmaß unseres Stolzes deutlich zu machen, um uns zur Buße zu leiten und uns zu helfen, in der Demut zu wachsen.

Fünftens: **Gott gebraucht unsere Sünde und unser Versagen, um uns demütiger zu machen.** Wir alle machen Fehler, tun peinliche Dinge, vergessen Dinge zu tun, die wir versprochen haben, oder verpatzen einfach etwas. Wenn wir einen Fehler gemacht haben und aus biblischer Sicht darüber nachdenken, sollten wir nicht in Selbstmitleid oder Verzweiflung verfallen. Vielmehr sollte es uns daran erinnern, dass wir tatsächlich sündig und fehlerhaft und auf Christus angewiesen sind. Demütige Menschen sind sich ihrer Unzulänglichkeit in allen Dingen stets bewusst. Gott nutzt unser Versagen, um unsere Demut zu entwickeln.

Es beeindruckt mich immer wieder, wie David in Psalm 51 über seine Sünde nachdenkt. Lange Zeit hatte David versucht, seine Sünde zu vertuschen und wollte sich damit nicht befassen. Aber der Herr sandte den Propheten Nathan, um David zur Rede zu stellen. Als Nathan David seine Sünde vorhielt, war er zutiefst erschüttert. Einige Zeit später schrieb er dann den 51-sten Psalm mit dem Titel „Gott, sei mir Sünder gnädig!“

Was mich an diesem Psalm am meisten erstaunt, ist, dass er für den Chorleiter geschrieben wurde. Das heißt, David schrieb diesen Psalm, um ihn in öffentlichen Gottesdiensten singen zu lassen. Der König – der Herrscher des Volkes – erniedrigte sich dermaßen, dass er für die Gemeinde ein Lied darüber schrieb, wie er sich bemüht hatte seine Sünde, seine Buße und die Wiederherstellung seiner Beziehung zu Gott zu verheimlichen. Daraus können wir schließen, dass David wusste, wie sehr er es nötig hatte, immer wieder daran erinnert zu werden, wie er den Herrn enttäuscht hatte. Die ständige Erinnerung daran durch dieses öffentliche Lied half ihm bestimmt weiterhin, in Demut vor Gott zu wandeln.

Aus diesem Grund glaube ich, dass es für uns alle gut ist, jeden Tag darüber nachzudenken, wie wir den Herrn beleidigt haben – durch sündige Gedanken, Worte, Wünsche und Taten. Wenn wir uns das Wort Gottes zum Maßstab setzen, werden wir mit Sicherheit feststellen, dass es uns an Stoff zum Nachdenken nie mangeln wird. Ich glaube, das sollten wir regelmäßig tun. Dann würden wir bald merken, dass es eine gewaltige Hilfe ist, um die Demut in unserem Leben zu fördern. Denn meistens ist es so, dass unsere Herzen gerade dann stolz werden, wenn wir anfangen zu vergessen, wie sündig und fehlbar wir sind.

Die sechste Art **von Schwierigkeiten, die Gott einsetzt, um uns zu demütigen, ist der Widerstand des Satans.** Obwohl es meistens zweitranginge Agenten sind, die uns Schwierigkeiten bereiten, ist es doch Satan, der alles inszeniert. Darauf bezieht sich Paulus in 2.Korinther 12,7: „… wurde mir ein Pfahl fürs Fleisch gegeben, ein Engel Satans, dass er mich mit Fäusten schlage, damit ich mich nicht überhebe." Es war Satan, der die Beschimpfungen, Verfolgung und Schwierigkeiten verursachte, mit denen Paulus in seinem Dienst konfrontiert wurde; aber letztendlich stand Gott hinter allem, weil Er zuließ, dass Satan Paulus quälte.

Wenn wir in unserem Leben satanischen Angriffen ausgesetzt sind, müssen wir uns in Erinnerung rufen, dass Gott Seine Gründe dafür hat, sie zuzulassen. Satan würde niemals die Erlaubnis erhalten, uns zu schikanieren, wenn Gott es nicht selber so haben wollte. Glücklicherweise wissen wir, dass Gott auch über Satan die Kontrolle hat. Darüber hinaus können wir sogar sicher sein, dass Gott alles stets zu unserem Besten führt.

Es mag vielleicht merkwürdig klingen, dass unsere Sünde und die Werke Satans zum Guten gebraucht werden können. Es ist in mancherlei Hinsicht nicht einfach, sich mit diesem Gedanken anzufreunden; denn wir wissen, dass jede Sünde böse und in Gottes Augen verabscheuenswert ist. Wir wissen auch, dass wir selbst für die Sünden verantwortlich sind, die wir begehen, und dass Gehorsam dem Ungehorsam immer und auf jeden Fall vorzuziehen ist.

Gleichzeitig erkennen wir aber auch, dass Gott in allen Dingen souverän ist. Auch wenn wir Seine Absichten nicht verstehen, kann

Er sogar durch unsere und die Sünde anderer sich selbst verherrlichen und uns reichlich beschenken. Auf die eine oder andere Weise können selbst böse und gewalttätige Tyrannen Gott verherrlichen. Die tragischen Konsequenzen unserer Sünde können irgendwie dazu führen, dass der souveräne Wille Gottes für unser Leben geschieht. Deshalb brauchen wir nicht niedergeschlagen zu sein, wenn wir das Böse in der Welt um uns herum betrachten, sondern dürfen wissen, dass Gott alles unter Kontolle hat.

Bestandsaufnahme deines Herzens

In diesem Kapitel haben wir uns darauf konzentriert, welche auf Gott bezogenen Aspekte uns bei der Entwicklung von mehr Demut helfen können. Im nächsten Kapitel werden wir die auf Menschen bezogenen Aspekte untersuchen. Überlege zum Abschluss einmal, wie die Mittel zur Zerstörung des Stolzes und zur Entwicklung der Demut in deinem Leben am Werk sind.

Hast du deine Sünde bekannt und, dass du einen Erlöser brauchst, oder lebst du noch immer in Auflehnung gegen Gott? Betest du kontinuierlich darum, dass der Heilige Geist in dir mehr Demut bewirkt, oder versuchst du dich aus eigener Willenskraft zu ändern? Lässt du es regelmäßig zu, dass das Wort Gottes dir deine Sünden aufzeigt, oder vernachlässigst du die Heilige Schrift? Nimmst du schwierige Situationen an und erträgst sie geduldig, oder wirst du entmutigt und verbittert, wenn dir etwas Schlimmes passiert?

Wächst du über die Beschimpfungen, Missverständnisse und Kritik anderer Leute hinaus oder bist du immer auf dem Sprung, dich zu erklären und zu verteidigen? Erinnerst du dich ständig an deine Unzulänglichkeit vor Gott, wenn du über deine alltägliche Sündhaftigkeit nachdenkst, oder vermeidest du es, über deine eigene Sünde nachzudenken? Dankst du Gott für das Gute, das Er durch das Böse in der Welt um dich herum bewirkt, oder bist du von Gott enttäuscht, wenn Er Menschen leiden lässt?

Mehr Demut zu entwickeln und den Stolz zu vernichten, ist ein schwieriger und lebenslanger Prozess. Charles Spurgeon bemerkte:

> Stolz ist das Verrückteste, das es jemals gegeben hat. Er

ernährt sich von seinen eigenen Bestandteilen. Er nimmt sich selbst das Leben, um aus seinem eigenen Blut einen roten Umhang zu machen, den er sich um die Schultern hängen kann. Er untergräbt sein eigenes Haus, um die Spitzen etwas höher bauen zu können, und dann fällt das ganze Gebäude in sich zusammen. Nichts anderes beweist die Verrücktheit eines Menschen sicherer als der Stolz. Sie geben Ruhe und Rast und Bequemlichkeit auf, um einen Rang und Macht über Menschen zu gewinnen. Sie wagen es, ihre Hoffnung auf Errettung zu riskieren, um das leichte Joch Jesu abzulegen und sich erschöpft ihren Lebensweg entlang zu quälen, dabei versuchen sie sich selbst durch ihre Werke zu retten und stolpern am Ende in den Sumpf der Verzweiflung.

Oh Mensch, hasse den Stolz! Fliehe vor ihm, verabscheue ihn. Lass ihn nicht bei dir wohnen. Wenn du einen Verrückten in deinem Herzen haben willst, wähle den Stolz, denn du wirst keinen Verrückteren finden als ihn. Er tritt in jeder Kleidermode auf: Sowohl in den Lumpen des Bettlers als auch im Anzug des Reichen. Er lebt bei den Reichen und bei den Armen. Ein Mann ohne Schuhe an den Füßen kann genauso stolz sein als säße er in einem Wagen.

Der Stolz kommt in jeder sozialen Schicht vor, in allen gesellschaftlichen Klassen. Manchmal ist er ein Arminianer und spricht über die Macht des Geschöpfes. Dann wird er calvinistisch und prahlt mit seiner eingebildeten Sicherheit, wobei er den Schöpfer vergisst, der allein in der Lage ist, den Glauben am Leben zu erhalten. Er kann auch als Kirchenmann [römisch-katholisch] auftreten, der Gott in prächtigen Kathedralen verehrt. Oder er ist ein Dissident, ein Abweichler, der zum öffentlichen Gemeindezentrum geht. Er ist eins der universellsten Dinge der Welt. Er besucht alle möglichen Kapellen und Kirchen. Man kann hinsehen, wohin man will, und man wird den Stolz erblicken. Er begleitet uns ins Haus Gottes. Er geht mit uns nach Hause. Er befindet sich auf dem Marktplatz und auf dem Arbeitsplatz, in den Straßen und überall…

Der Stolz dringt genauso ins Herz des Gläubigen wie in das

des Sünders. Er blüht auf unter dem Namen der wirtschaftlichen Unabhängigkeit und redet dem Christen ein, reich zu sein und keine Bedürfnisse zu haben. Er sagt ihm, er brauche keine tägliche Vergebung, frühere Erfahrungen reichen für die Zukunft, er wisse genug, arbeite genug, bete genug. Er lässt ihn vergessen, dass er das Ziel noch nicht erreicht hat. Er wird nicht zulassen, dass er sich um zukünftige Dinge bemüht und vergangene Dinge vergisst. Vielmehr dringt er in das Herz des Gläubigen ein und versucht, ihn dazu zu verführen, seine Unabhängigkeit anzustreben. Und solange der Herr nicht einen geistlichen Bankrott bewirkt, wird der Stolz ihn davon abhalten, zu Gott zu kommen.

Der Stolz kommt in zehntausend verschiedenen Formen vor. Er ist nicht immer der steife, elegante Herr, den man sich vorstellt. Er ist eine widerliche, unheimliche Sache, die sich in unsere Herzen hineinwindet wie eine Schlange. Er spricht von Demut und davon, Staub und Asche zu sein. Ich habe gehört, wie Männer ihre Korruption so wunderbar schilderten, als seien sie die Demut in Person, obwohl sie eigentlich die stolzesten Halunken waren, die unter den Lebenden weilten. Oh meine Freunde, es ist unzählbar, in wie vielen Formen der Stolz auftreten kann. Seht euch aufmerksam um, sonst wird er euch verleiten, und wenn ihr denkt, ihr bewirtet Engel, werdet ihr herausfinden, dass ihr unbewusst den Teufel aufgenommen habt.

ÜBUNGSAUFGABEN ZUR ANWENDUNG / DISKUSSION

1. Lies dieses Kapitel noch einmal durch und schreibe alle Mittel auf, die Gott gebraucht, um in uns den Stolz einzudämmen und die Demut zu entwickeln. Bereite dich darauf vor, sie jemandem zu erklären und so dieser Person zu helfen, unserem bescheidenen und demütigen Herrn Jesus Christus ähnlicher zu werden.

2. Welche Punkte, die in diesem Kapitel aufgeführt wurden, stellen deiner Meinung nach die größte Herauforderung bzw. Hilfe dar? Erkläre, warum diese Wahrheiten für dich wichtig und herausfordernd waren.

3. Wähle beim Durcharbeiten dieses Kapitels fünf Bibelstellen oder Abschnitte, die für dich die größte Herausforderung bzw. Hilfe darstellten. Wenn du es schwierig findest, die fünf anspruchsvollsten herauszusuchen, wähle einfach fünf beliebige aus. Schreibe sie auf. Erläutere, warum sie eine Herausforderung bzw. eine Hilfe dabei darstellen, den Stolz zu überwinden und die Demut zu entwicklen.

4. Wähle mindestens einen Bibelvers aus diesem Kapitel und lerne ihn auswendig.

5. Studiere die Bibelstellen über Stolz und Demut aus dem Alten und dem Neuen Testament, die auf den Seiten 144–145 aufgelistet sind, und finde die Stellen heraus, die beschreiben, wie Gott Menschen geholfen hat, demütiger zu werden. Hier findest du einige Beispiele aus dem Alten Testament: 5.Mose 8,1-3.16; Jesaja 2,11; 5,15; Daniel 4,16-34.

Kapitel 7
Mehr zum „Wie“

Wie in den vorigen Kapiteln bereits erwähnt, verabscheut Gott den Stolz und schätzt die Demut sehr. Sein Sohn, unser Herr und Erlöser, war ein Musterbeispiel für Demut – Jesus war bescheiden und von Herzen demütig, der Inbegriff von Demut. Da war nicht die kleinste Spur von sündigem Stolz in Ihm vorhanden. Und Gott ist fest entschlossen uns – sein Volk – Seinem Sohn gleich zu machen, der in jeder Hinsicht ein perfekter Mensch war, aber besonders in Bezug auf Demut. Laut Philipper 2,13 wirkt Gott durch Seine Gnade in uns das Wollen und das Vollbringen nach Seinem Wohlgefallen.

Es ist Teil Seines Willens, dass wir genauso bescheiden und von Herzen demütig werden wie Sein Sohn ist. Zu diesem guten Zweck gebraucht Gott auf Seine liebende und gnädige Art bestimmte Lebensumstände, das Studium seines Wortes, Predigten, unsere eigene Sünde und das Leben anderer Menschen. Gottes aktive Beteiligung an unseren Tal-der-Demut-Erfahrungen ist sicherlich der wichtigste Teil in dem fortlaufenden Prozess, den Stolz abzulegen und sich Demut anzueignen. Diese Tatsache bedeutet jedoch nicht, dass wir es einfach geschehen lassen und Gott alles überlassen, ohne uns selbst zu bemühen. Die Bibel macht es sogar sehr deutlich, dass es Dinge gibt, die wir selbst tun müssen, um die Art von Demut zu entwickeln und zu bewahren, die Gott bei uns sehen will. In Jakobus 4,10 werden wir aufgefordert: „Demütigt euch vor dem Herrn, so wird er euch erhöhen.“ Und in 1.Petrus 5,6 wird wiederholt: „So demütigt euch nun unter die gewaltige Hand Gottes, damit er euch erhöhe zu seiner Zeit!“

Auch in anderen Teilen der Bibel macht Gott klar, dass wir bewusst daran arbeiten sollen, Demut in unseren Herzen zu entwickeln. Paulus schreibt an die Kolosser: „So zieht nun an als Gottes Auserwählte, Heilige und Geliebte … Demut…“ (3,12) An die Gläubigen in Ephesus schreibt er: „So ermahne ich euch nun, ich, der Gebundene im Herrn, dass ihr der Berufung würdig wandelt, zu der ihr berufen worden seid, indem ihr mit aller Demut und Sanftmut, mit Langmut einander in Liebe ertragt.“ (4,1-2)

Wie können wir uns denn selbst demütigen? Wie eignen wir uns ein demütiges Herz an? Es gibt sehr viele Dinge, die wir als Gläubige tun können, um unseren Gehorsam zu zeigen und wahre Demut in unserem Herzen zu entwickeln. Wenn es uns wirklich ernst ist, dass wir Christus ähnlicher werden wollen, müssen wir uns eifrig und von ganzem Herzen darum bemühen.

Wenn wir uns vor Gott demütigen wollen, müssen wir uns zum Einen Zeit nehmen über die Größe und Heiligkeit Gottes im Vergleich zu unserer natürlichen, moralischen und sterblichen Bedeutungslosigkeit nachzudenken. In 1.Petrus 5,6 heißt es: „So demütigt euch nun unter die gewaltige Hand Gottes…“ Dies können wir tun, indem wir darüber nachdenken, wie Menschen in der Gegenwart Gottes reagiert haben.

Die Heilige Schrift berichtet über die Erfahrungen des Apostels Johannes auf der Insel Patmos. Johannes schreibt: „Und als ich ihn sah, fiel ich zu seinen Füßen nieder wie tot.“ (Offenbarung 1,17) Jesaja hatte ein ähnliches Erlebnis. Als er vor dem Thron des Allmächtigen stand, rief er: „Wehe mir, ich vergehe! Denn ich bin ein Mann mit unreinen Lippen und wohne unter einem Volk, das unreine Lippen hat; denn meine Augen haben den König, den Herrn der Heerscharen, gesehen!“ (Jesaja 6,5)

Wir können Gott in unserem Denken auch aufwerten, indem wir über Seine Heiligkeit nachdenken. In Habakuk 1,13 steht: „Deine Augen sind so rein, dass sie das Böse nicht ansehen können; du kannst dem Unheil nicht zuschauen.“ Gott hasst die Sünde und kann sie in Seiner Gegenwart nicht ertragen. Wir dagegen spielen oft gerne mit unserer Sünde – wir verharmlosen sie und genießen ihre leeren Freuden. Wenn wir über den Gegensatz zwischen Gottes vollkommener Heiligkeit und unserer absoluten Verdorbenheit nachdenken, können wir gar nicht anders, als uns in Demut zu beugen.

Genau genommen ist jede Eigenschaft Gottes – Treue, Geduld, Liebe, Vergebung – ein Vorwurf an uns, wenn wir sie mit unseren eigenen armseligen Bemühungen um Nachahmung vergleichen. Je mehr wir Gott in unserem Denken aufwerten, desto mehr werden wir feststellen, dass unser eigenes Bild immer blasser wird. Wenn es uns wirklich ein Anliegen ist, demütiger zu werden, müssen wir die Worte Davids in Psalm 34,4 beachten: „Erhebt mit mir den Herrn, und lasst uns miteinander seinen Namen erhöhen!“

Zum Zweiten müssen wir bedenken, wie sehr Gott die Demütigen liebt und die Stolzen hasst. „Hass“ ist ein sehr starkes Wort, aber die Heilige Schrift macht deutlich, dass es genau die richtige Beschreibung dafür ist, was Gott für den Stolz empfindet (Sprüche 8,13). Die Bibel bezeichnet den Stolz sogar als Gräuel für Gott. „Alle stolzen Herzen sind dem Herrn ein Gräuel…“ (Sprüche 16,5) Etwas ein Gräuel oder eine Abscheulichkeit zu nennen, ist wahrscheinlich der stärkste Ausdruck für Missfallen, den es in der deutschen Sprache gibt. Daraus folgt also, dass auch wir für Gott zu einem Gräuel werden, wenn Er Stolz in uns sieht.

Der Gedanke, dass wir für unseren Herrn und Heiland ein Gräuel sein könnten, sollte für uns als Gäubige etwas Furchtbares sein. Das Letzte, das wir tun wollen, ist, den Zorn des Herrn zu erregen. Aus diesem Grund sollte es uns sehr traurig machen, wenn wir Stolz in uns feststellen, und wir sollten uns vor Gott erniedrigen. Wenn wir Ihm wirklich gefallen wollen, wird es uns helfen, wenn wir gründlich darüber nachdenken, wie sehr Er bei Seinen Kindern den Stolz hasst und die Demut liebt.

Drittens: **Wenn wir den Stolz aus unserem Leben verdrängen wollen, sollten wir darüber nachdenken, wie Christus sich selbst erniedrigte, als Er auf die Erde kam.**

> Denn ihr sollt so gesinnt sein, wie es Christus Jesus auch war, der, als er in der Gestalt Gottes war, es nicht wie einen Raub festhielt, Gott gleich zu sein; sondern er entäußerte sich

selbst, nahm die Gestalt eines Knechtes an und wurde wie die Menschen; und in seiner äußeren Erscheinung als ein Mensch erfunden, erniedrigte er sich selbst und wurde gehorsam bis zum Tod, ja bis zum Tod am Kreuz. (Phil. 2,5-8)

Christus, die zweite Person der Heiligen Dreieinigkeit, durch den und für den das Universum geschaffen wurde, wurde ein menschliches Wesen wie wir. Und nicht nur das, Er wurde in eine arme Handwerkerfamilie in Nazareth geboren. Als Kind war Er den Geschöpfen, die Er selbst geschaffen hatte, – seinen menschlichen Eltern – gehorsam und untertan. Obwohl Er unendlich viel mehr wusste als sie, fügte Er sich demütig unter ihre Autorität.

Außerdem legte Christus den unabhängigen Gebrauch seiner göttlichen Eigenschaften ab und gehorchte dem Vater. Er tat Alles durch die Kraft des Vaters, verließ sich völlig auf den Vater und suchte in allen Dingen den Willen des Vaters. In Johannes 5,30 erklärt Christus: „Ich kann nichts von mir selbst aus tun. Wie ich höre, so richte ich; und mein Gericht ist gerecht, denn ich suche nicht meinen Willen, sondern den Willen des Vaters, der mich gesandt hat."

Und schließlich erniedrigte sich Christus sogar um zu sterben. Er ertrug Verfolgung, Beschimpfungen, grausame Schläge und einen entsetzlichen Tod durch die Hände der Geschöpfe, die Er gemacht hatte. Er wurde für Sünden entwürdigt und misshandelt, die Er nicht begangen hatte und niemals begehen würde. Und Er tat all das ohne den Mund aufzutun, um sich zu verteidigen oder zu retten.

In Sprüche 15,33 steht: „... der Ehre geht Demut voraus." Philipper 2,9 zeigt Christus als das ultimative Beispiel dafür: „Darum hat ihn Gott auch über alle Maßen erhöht und ihm einen Namen verliehen, der über allen Namen ist." Auf der Erde wurde Christus völlig entwürdigt, aber jetzt lässt Ihm Gott höchste Ehre zuteil werden.

Wie können wir im Licht der Demut Christi betrachtet überhaupt auf irgendetwas stolz sein? Wie können wir darauf bestehen wollen, unseren Willen zu bekommen? Wie können wir denken, dass wir besser sind als jemand anderes? Wie können wir uns jemals gegen Autoritäten auflehnen? Wenn wir in der Demut wachsen wollen, sollten wir intensiv über die gewaltige Demut unseres Herrn Jesus Christus nachdenken.

Viertens: **Wenn wir uns vom Stolz befreien und mehr Demut aneignen wollen, sollten wir ernsthaft über die bekanntesten Gläubigen nachdenken, die je über diese Erde gegangen sind, und echte Beispiele an Demut waren.** Jeder, den Gott auf erstaunliche Art für Sein Werk gebrauchen konnte, war ein demütiger Mensch.

Das war die Botschaft des Paulus in 1. Korinther 13 an die Gläubigen dort. Die Korinther hatten viele geistliche Gaben, aber Paulus warnte sie, dass sie für Gott unbrauchbar seien, wenn sie ungeduldig, unfreundlich oder stolz würden:

> Wenn ich in Sprachen der Menschen und der Engel redete, aber keine Liebe hätte, so wäre ich ein tönendes Erz oder eine klingende Schelle. Und wenn ich Weissagung hätte und alle Geheimnisse wüsste und alle Erkenntnis, und wenn ich allen Glauben besäße, so dass ich Berge versetzte, aber keine Liebe hätte, so wäre ich nichts...
>
> Die Liebe ist langmütig und gütig, die Liebe beneidet nicht, die Liebe prahlt nicht, sie bläht sich nicht auf. (1. Kor. 13,1-4)

In Sachen Demut ist Joseph aus der Bibel ein gutes Vorbild für uns. In 1.Mose 41 wird berichtet, dass der Pharao einen Traum über sieben fette und sieben magere Kühe hatte und einen anderen über fette und magere Kornähren. Keiner der Magier des Pharao konnte den Traum deuten, aber der oberste Mundschenk des Pharao erinnerte sich daran, dass Joseph Träume gedeutet hatte, als sie zusammen im Gefängnis waren. Er erzählte dem Pharao, dass alles genauso eingetreten war, wie Joseph es vorhergesagt hatte (1.Mose 41,1-13).

Der Pharao war von diesem Bericht so beeindruckt, dass er Joseph sofort holen ließ und zu ihm sagte: „... nun habe ich über dich vernommen, dass du einen Traum zu deuten vermagst, wenn du ihn hörst. Joseph antwortete dem Pharao und sprach: Das steht nicht bei mir. Gott wird verkündigen, was dem Pharao zum Wohl dient!“ (1.Mose 41,15-16) Der Pharao wollte Joseph ehren, indem er seine Fähigkeit, Träume zu deuten, lobte, aber Joseph reagierte demütig, weil er wusste, dass nur Gott, der die Träume schickt, sie auch interpretieren kann.

David war ein demütiger Mensch, der oft ein Lob zurückwies. Die Haltung seines Herzens war: „Nicht uns, o Herr, nicht uns, sondern deinem Namen gib Ehre, um deiner Gnade und Treue willen!" (Ps. 115,1) Ähnlich war auch die Haltung des Paulus, der mit voller Überzeugung sagte: „Denn ich bin der Geringste von den Aposteln" (1.Kor. 15,9), „Mir, dem Allergeringsten unter allen Heiligen" (Eph. 3,8) und „dass Christus Jesus in die Welt gekommen ist, um Sünder zu retten, von denen ich der Größte bin" (1.Tim. 1,15). Und Christus erklärte: „Wer nun sich selbst erniedrigt wie dieses Kind, der ist der Größte im Reich der Himmel." (Matth. 18,4)

Fünftens: **Wenn wir in der Demut wachsen wollen, müssen wir uns die heiligen Engel zum Vorbild nehmen.** Die Engel besitzen Fähigkeiten und Begabungen, die wir nicht haben und nur ansatzweise begreifen können. Sie sind unsichtbar, können sich augenblicklich von einem Ort zum anderen bewegen und sind sündlos. Die Bibel weist darauf hin, dass sich um uns herum eine unzählbare Schar von Engeln aufhält, dienstbare Geister, die zu denen gesandt werden, die das Heil erben sollen.

Diese wundervollen, erstaunlichen Geschöpfe werden in der Bibel beschrieben. In Jesaja 6 erfahren wir, wie sich die Seraphim verhalten, wenn sie sich in der Gegenwart Gottes aufhalten: „Seraphim standen über ihm; jeder von ihnen hatte sechs Flügel: mit zweien bedeckten sie ihr Angesicht, mit zweien bedeckten sie ihre Füße, und mit zweien flogen sie. Und einer rief dem anderen zu und sprach: Heilig, heilig, heilig ist der Herr der Heerscharen; die ganze Erde ist erfüllt von seiner Herrlichkeit!" (Jes. 6,2-3)

Diese herrlichen Kreaturen bedecken ihre Gesichter und Füße, weil ihnen bewusst ist, dass sie vor Gott unwürdig sind. Sie befinden sich ständig im Flug, weil sie immer bereit sind, sofort Gottes Willen auszuführen, wenn Er ihnen einen Auftrag erteilt.

Die guten Engel, diejenigen, die beim Herrn im Himmel bleiben, sind demütig, obwohl sie nie gesündigt haben, obwohl sie den Willen Gottes stets einwandfrei, bedingungslos und ohne zu zögern ausführen, und obwohl sie als wunderschöne, herrliche Wesen geschaffen wurden. Sie versuchen niemals, ihre Pracht zur Schau zu stellen oder für ihre Arbeit Lob zu bekommen. Sie sind Gott nie ungehorsam. Wie absurd ist es, wenn wir weniger demütig sind als diese wundervollen Geschöpfe, die uns in Bezug auf Tugendhaftigkeit, Schönheit und Können weit überlegen sind! Das Vorbild der heiligen Engel sollte uns eine Warnung vor dem sündigen und törichten Stolz sein.

Sechstens: **Wir sollten gründlich über die Demut von Gläubigen nachdenken, die im Himmel sind.** Im Himmel gibt es keine stolze Person, nicht eine einzige! Offenbarung 4,9-11 beschreibt, was die Heiligen im Himmel tun:

> Und jedesmal, wenn die lebendigen Wesen Herrlichkeit und Ehre und Dank darbringen dem, der auf dem Thron sitzt, der lebt von Ewigkeit zu Ewigkeit, so fallen die 24 Ältesten nieder vor dem, der auf dem Thron sitzt, und beten den an, der lebt von Ewigkeit zu Ewigkeit; und sie werfen ihre Kronen vor dem Thron nieder und sprechen:
>
> Würdig bist du, o Herr, zu empfangen den Ruhm und die Ehre und die Macht; denn du hast alle Dinge geschaffen, und durch deinen Willen sind sie und wurden sie geschaffen!

Diese Gläubigen im Himmel sind perfekt. Sie haben keine bösen Gedanken oder Wünsche mehr; sie tun nichts Böses mehr. Sie sind in jeder Hinsicht Gott wohlgefällig, einschließlich ihrer vollkommenen Demut vor Gott. Sie geben Gott beständig für Alles die Ehre, die Ihm gebührt. Wer sind wir also, dass wir stolz sein sollten? Stattdessen sollten wir uns ein Beispiel an ihrer echten Demut nehmen und genauso handeln.

Siebtens: **Wenn wir demütiger werden wollen, müssen wir darüber nachdenken, wie unsagbar schwach und unvollkommen unser Glaube, unser Charakter, unser Verhalten, unsere Motive, unsere Aufgaben und unser Dienst für Gott sind.** Mit anderen Worten, wir müssen darüber nachdenken, wie oft und wie schwer wir gegen Gott sündigen. David, der als ein Mann nach dem Herzen Gottes bezeichnet wird, schreibt in Psalm 38,5: „Denn meine Verschuldungen gehen über mein Haupt; wie eine schwere Last sind sie zu schwer für mich.“ David dachte demütig über seine Sünde nach und maß ihr ungeheures Ausmaß zu.

Die Heilige Schrift sagt uns, warum wir unsere Sünde so oft falsch einschätzen: „Alle Wege des Menschen sind rein in seinen Augen, aber der Herr prüft die Geister.“ (Spr. 16,2) Meistens wollen wir entweder gar nicht an unser Versagen denken oder wir machen andere dafür verantwortlich. Zwar sündigen wir täglich, aber wie oft bekennen wir unsere Sünde vor Gott? Jerry Bridges hat gesagt: „Wir brauchen die Heilsbotschaft jeden Tag.“ Wie wahr! Weil wir jeden Tag sündigen, brauchen wir täglich die reinigende Kraft des Blutes Christi und seiner Gerechtigkeit.

Täglich über unsere Sünde nachzudenken, sollte uns in verschiedener Weise dabei helfen, demütiger zu werden. Erstens sollte es in uns den Wunsch wecken, den Balken aus unserem eigenen Auge zu entfernen, bevor wir versuchen, den Splitter aus dem Auge eines anderen zu ziehen (Matth. 7,3). Das heißt, es wird uns helfen, andere weniger zu kritisieren, was ja ein Zeichen für Stolz ist. Zweitens wird es uns helfen, damit aufzuhören, Ausreden für unsere Sünden zu erfinden. Anstatt unsere Lebensumstände, unsere Kollegen, unsere Vorgesetzten, unsere Finanzen oder irgendetwas anderes für unser Versagen verantwortlich zu machen, werden wir demütig zugeben, dass wir von uns aus einfach nicht in der Lage sind, Gott in irgend einer Weise zu gefallen.

Vor vielen Jahren wurde Pastor Joseph Wright gebeten, die neue Sitzung des Kansas-Senats mit Gebet zu eröffnen. Als er aufstand um zu beten, erwarteten alle Anwesenden die obligatorischen, politisch korrekten, banalen Allgemeinheiten zu hören, die man normalerweise bei solchen öffentlichen Gebeten hört. Stattdessen bekamen sie ein ergreifendes, aufwühlendes Gebet zu hören, das unser Land zur Buße, Rechtschaffenheit und Demut vor Gott aufrief.

Die Reaktion auf dieses außergewöhnliche Gebet war genauso leidenschaftlich. Eine Anzahl von Abgeordneten verließ noch während des Gebets den Sitzungssaal. In den folgenden sechs Wochen erhielt die Gemeinde von Pastor Wright mehr als fünftausend Telefonanrufe bezüglich des Gebets. Und nicht nur das, der Radiokommentator Paul Harvey sendete das Gebet von Pastor Wright in voller Länge in seinem Programm und erhielt zu dieser Sendung mehr Rückmeldungen als er jemals zuvor zu einer einzelnen Sendung erhalten hatte.

Das Gebet von Pastor Wright war deswegen so außergewöhnlich, weil es sehr genau beschrieb, wie unsere Nation heutzutage ihre Sünde mit Stolz verteidigt. Er betete:

> Das Wort sagt: „Wehe denen, die das Böse gut nennen", aber wir haben genau das getan. Wir haben unser geistliches Gleichgewicht verloren und unsere Werte auf den Kopf gestellt. Wir geben zu: Wir haben die absolute Wahrheit Deines Wortes lächerlich gemacht und nennen es Pluralismus. Wir haben anderen Göttern gedient und nennen es Multikulturalismus. Wir haben Perversion befürwortet und nennen es eine alternative Lebensweise. Wir haben die Armen ausgebeutet und nennen es Lotterie. Wir haben die Bedürftigen vernachlässigt und nennen es Selbsterhaltung. Wir haben die Faulheit belohnt und nennen es Sozialhilfe. Wir haben unsere Ungeboreren getötet und nennen es Entscheidungsfreiheit. Wir haben Abtreiber erschossen und nennen es rechtmäßig vertretbar. Wir haben es vernachlässigt, unsere Kinder zu disziplinieren und nennen es Förderung des Selbstwertgefühls. Wir haben Macht missbraucht und nennen es politisch klug. Wir haben den Besitz unseres Nachbarn begehrt und nennen es zielstrebig. Wir haben die Radiowellen mit Gotteslästerung und Pornographie verseucht und nennen es Meinungsfreiheit. Wir haben die herkömmlichen Werte unserer Vorväter ins Lächerliche gezogen und nennen es Aufklärung. Erforsche uns heute, oh Gott, und erkenne unsere Herzen. Prüfe uns und sieh, ob etwas Böses in uns ist. Reinige uns von jeder Sünde und mach uns frei...

Obwohl unsere Nation viele beschönigende Umschreibungen dafür hat, wenn jemand eine schlechte Wahl trifft, bezeichnet Gott sie noch immer alle als Sünde und die meisten davon als Stolz.

Die Puritaner hatten eine interessante Gewohnheit, von der wir etwas lernen können. Sie führten Tagebücher, in denen sie ihre Sünden aufschrieben und bekannten. Wenn man die Tagebücher von Männern wie George Whitefield und David Brainerd liest, stellt man fest, dass sie demütige Männer waren, die täglich über ihre Sünden nachdachten. Gott gebrauchte diese Männer, weil sie demütig waren. Und wenn wir Gott gefallen und in unserem Dienst effektiv sein wollen, müssen wir uns jeden Tag die Zeit nehmen, um darüber nachzudenken, wo unser Denken, Reden und Handeln nicht ausschließlich zur Ehre Gottes geschehen ist.

Achtens: **Um demütigere Menschen zu werden, müssen wir uns die Tatsache bewusst machen, dass wir für unsere Sünden das Gericht und den Zorn Gottes verdient haben.** Das bedeutet, dass wir wirklich von Herzen glauben müssen: „Ich verdiene es, in die Hölle zu gehen." Das ist leicht zu sagen, aber eine ganz andere Sache es wirklich ernst zu meinen.

Glauben wir wirklich, dass wir nichts Besseres verdient haben, als die Ewigkeit an einem Ort zu verbringen, wo das Feuer niemals ausgeht? Glauben wir wirklich, dass wir es verdient haben, an einem Ort zu sein, wo völlige Dunkelheit herrscht, wo der Wurm nie stirbt und wo wir unsere Sünde stets vor unseren Augen haben? Die Bibel sagt, „wir waren von Natur Kinder des Zorns" (Eph. 2,3), bevor wir errettet wurden. Wenn wir das wirklich glaubten, wären wir nicht stolz. Wie können diejenigen stolz sein, die einsehen, was sie eigentlich verdient hätten?

Neuntens: **Um in unserem Leben den Stolz einzudämmen und die Demut zu fördern, müssen wir Zeit damit verbringen, über den Tag des Jüngsten Gerichts nachzudenken.** In Römer 14,10 steht: „Wir werden ja alle vor dem Richterstuhl des Christus erscheinen." Das Gericht ist etwas, dem kein Mensch entgehen kann, egal wie bedeutend oder unbedeutend er auf der Erde war. In Philipper 2,10-11 steht: „... damit in dem Namen Jesu sich alle Knie derer beugen, die im Himmel und auf Erden und unter der Erde sind, und alle Zungen bekennen, dass Jesus Christus der Herr ist, zur Ehre Gottes, des Vaters." Am Tag des Jüngsten Gerichts wird es keinen Raum für Stolz geben.

In unseren irdischen Gerichtsräumen hat jeder Mensch das Recht, sich zu verteidigen, ganz gleich ob er schuldig ist oder nicht. Manchmal kommen Menschen, die furchtbare Verbrechen begangen haben, auf Grund von guter Verteidigung, glaubwürdigen Lügen und cleveren Anwälten ungestraft davon. Aber in Römer 3,19-20 steht: „Wir wissen aber, dass das Gesetz alles, was es spricht, zu denen sagt, die unter dem Gesetz sind, damit jeder Mund verstopft werde und alle Welt vor Gott schuldig sei, weil aus Werken des Gesetzes kein Fleisch vor ihm gerechtfertigt werden kann…"

Wenn wir vor Gott stehen, wird sich keiner von uns verteidigen können. Ganz gleich womit wir auf der Erde davon gekommen sind, beim Jüngsten Gericht werden wir dafür zur Verantwortung gezogen werden. Gott kennt uns durch und durch und Er kennt auch unsere ganze Sünde. Die Heilige Schrift sagt uns, dass Gott an dem Tag die Bücher öffnen und Beweise gegen uns vorbringen wird – jeden bösen Gedanken, jeden schlechten Wunsch, jedes lieblose Wort und jede schlimme Tat (Off. 20,12). Sünder, die nicht bereit waren, ihre Sünde zu bereuen, und auf dieser Erde ein rebellisches und stolzes Leben geführt haben, werden im Jenseits den Zorn und das Gericht Gottes erfahren. Dieses Wissen sollte uns zu einem demütigeren Lebensstil motivieren.

Zehntens: **Um in der Demut zu wachsen, sollten wir uns bewusst machen, wie stolz Satan und seine unsauberen Geister (oder Dämonen) sind.** In Jesaja 14 und Hesekiel 28 enthüllt die Bibel, dass es der Stolz war, der diese Kreaturen zu Fall brachte. Satan wurde aus dem Himmel verstoßen, als er prahlte: „Ich will zum Himmel emporsteigen und meinen Thron über die Sterne Gottes erhöhen und mich niederlassen auf dem Versammlungsberg im äußersten Norden; ich will emporfahren auf Wolkenhöhen, dem Allerhöchsten mich gleich machen!" (Jes. 14,13-14)

In Judas 6 wird beschrieben, was mit Satan und den Engeln geschah, die ihm folgten: „… und dass er die Engel, die ihren Herrschaftsbereich nicht bewahrten, sondern ihre eigene Behausung verließen, für das Gericht des großen Tages mit ewigen Fesseln unter der Finsternis verwahrt hat". Mit anderen Worten, diese Engel waren nicht bereit, unter der Herrschaft Gottes zu leben.

Das Ergebnis war, dass „Gott die Engel nicht verschonte, die gesündigt hatten, sondern sie in Fesseln der Finsternis in den Abgrund warf, um sie zum Gericht aufzubewahren" (2. Petrus 2,4).

Was Petrus in diesem Abschnitt sagen will: Wer sind wir, dass wir denken, wir werden von Gott eine geringere Strafe erhalten? Wenn Gott nicht einmal die Engel vor dem Gericht verschont hat, wieso sollte Er uns verschonen? Der Fall und die Verurteilung Satans und seiner Engel sollte uns eine Warnung davor sein, welch eine harte Strafe Gott für den Stolz vorgesehen hat. Gleichzeitig sollte uns dies veranlassen, noch eifriger nach Demut zu streben.

Elftens: **Wenn wir uns vom Stolz befreien und uns mehr Demut aneignen wollen, müssen wir uns vor Augen halten, dass alles, was wir besitzen oder erreicht haben, aus der Hand Gottes kommt.** Alles, was wir an Geld, Ansehen, Autorität, Schönheit, Bildung und Klugheit besitzen, hat uns Gott gegeben. Alles Erstrebenswerte, das wir in unserem Leben erreicht haben, konnten wir nur deswegen leisten, weil Gott so gut war, uns dazu zu befähigen.

In 1.Korinter 4,7 werden wir daran erinnert: „Denn wer gibt dir den Vorzug? Und was besitzt du, das du nicht empfangen hast? Wenn du es aber empfangen hast, was rühmst du dich, als ob du es nicht empfangen hättest?“ Wenn wir in einem bestimmten Bereich begabter sind als andere, werden wir schnell verleitet, uns für etwas Besseres zu halten. Das ist natürlich Stolz. Wenn wir diesen Stolz abtöten wollen, müssen wir uns ständig an die wahre Quelle unserer Gaben erinnern, indem wir den Geber immer wieder loben und Ihm danken.

Zwölftens: **Es wird uns helfen, unseren Stolz zu bekämpfen, wenn wir die traurigen Auswirkungen des Stolzes im Leben anderer betrachten.** Wir haben schon einige Beispiele aus der Bibel erwähnt: Haman, Nebukadnezar und die Pharisäer. Als nächstes könnten wir darüber nachdenken, wie Adolf Hitler, Saddam Hussein und Osama bin Laden gelebt haben. Diese Männer haben ihre Macht und die Möglichkeit, andere zu kontrollieren, voll ausgekostet und haben im Leben von Millionen von Menschen verheerenden Schaden angerichtet. Stolz ist extrem zerstörerisch und solche Männer beweisen es mit ihrem Leben.

Dreizehntens: **Wir sollten viel Zeit mit demütigen Menschen verbringen und soweit es geht die Gesellschaft von stolzen Menschen meiden.** Meistens lernen wir durch das Vorbild anderer mehr als durch das, was sie sagen, und wahre Demut ist eine wunderbare Eigenschaft zum Nachahmen. Dies ist eine bedeutende Herausforderung an Eltern und Großeltern. Wenn wir wollen, dass unsere Kinder demütig sein sollen, dann müssen wir ihnen Demut vorleben. In Sprüche 13,20 steht: „Der Umgang mit den Weisen macht weise, wer sich aber mit Narren einlässt, dem geht es schlecht.“

Vierzehntens: **Denke darüber nach, wie wenig du den Stolz bei anderen Menschen leiden kannst.** Das Ausmaß, in dem uns der Stolz bei anderen anwidert, ist ein gutes Maß dafür, wieviel Stolz in uns selbst vorhanden ist.

In meinem Unterricht am *Master's College* bitte ich meine Schüler am Ende des Kurses oft um eine schriftliche Rückmeldung. Dieser Aufsatz soll ihnen die Möglichkeit geben, darüber nachzudenken und aufzuschreiben, wie Gottes Wahrheit sie persönlich ermahnt, überführt oder herausgefordert hat. Diese Aufgabe wird den Schülern immer sehr genau erklärt, aber manchmal erhalte ich einen Aufsatz, der zum größten Teil aus einer Kritik der Autoren der Kursliteratur besteht. Anstatt darüber nachzudenken, was Gott getan hat, um ihn durch diesen Kurs etwas zu lehren oder ihn zu ermahnen, nutzt der Schüler die Gelegenheit darauf hinzuweisen, was er an den Büchern nicht mag, die er gelesen hat.

Ich finde, so ein Aufsatz sagt sehr viel über den Schüler aus, der ihn geschrieben hat. Er weigert sich nicht nur, die Aufgabe so auszuführen, wie sie gestellt wurde, sondern ist auch noch so arrogant, dass er kluge und gebildete Männer Gottes kritisiert, die sich die Mühe gemacht haben, Bücher zu seinem Nutzen zu schreiben. Menschen, die über sich selbst nicht nachdenken wollen, sind stolze Menschen.

Außerdem solltest du regelmäßig folgende Dinge tun, wenn du in der Demut wachsen willst: Denk darüber nach, wie sehr du demütige Menschen bewunderst und dich zu ihnen hingezogen fühlst. Mach dir bewusst, wie angenehm es ist, mit einem demütigen Menschen Zeit zu verbringen. Lerne die Bibelstellen auswendig, in denen Gott den Demütigen Segnungen verspricht, und denk gründlich darüber nach. Auch die Warnungen der Bibel gegen die Stolzen werden dir eine große Hilfe bei deinen Bemühungen sein. Denk außerdem regelmäßig über die verschiedenen Erscheinungsformen des Stolzes nach, die wir in den vorigen Kapiteln betrachtet haben; es wird dir dabei helfen, dich vom Stolz zu befreien und dir mehr Demut anzueigenen. Lies die Kapitel noch einmal genau durch, bestimme die Anzeichen für Stolz, die bei dir am stärksten erkennbar sind, und arbeite daran, sie zu überwinden.

Bete darum, dass der Heilige Geist jeden Tag in dir Demut bewirkt und erhält. Letzten Endes ist es Gott allein, der einen Menschen demütig machen kann. Wir sind zwar selbst dafür verantwortlich, unser Leben Gott wohlgefällig zu gestalten, aber ändern können wir uns nur durch die Kraft Gottes. Wir müssen jeden Tag Zeit im Gebet verbringen; wir müssen Gott unseren Stolz bekennen und ernsthaft um mehr Demut flehen.

Niemand kann echte Demut auf die leichte oder auf die schnelle Art erreichen und behalten. In der Demut zu wachsen ist Teil unserer Erziehung zur Gottesfurcht, und wir müssen sehr stark an uns selbst arbeiten, um diesem Ziel näher zu kommen. Demut muss geübt werden. Obwohl der Weg lang und schwer sein kann, möchte ich Euch mit Paulus ermutigen: „Lasst uns aber im Gutestun nicht müde werden; denn zu seiner Zeit werden wir auch ernten, wenn wir nicht ermatten." (Gal. 6,9)

Ich schließe meine Ratschläge, was wir tun können, um den Stolz aus unserem Leben zu verdrängen und die Demut in uns zu entwickeln, mit einem Zitat aus einer Predigt von Charles Spurgeon. Ich füge dieses Zitat an, weil ich glaube, dass der Inhalt hilfreich dabei sein kann, die Demut in uns zu fördern, wenn wir gründlich darüber nachdenken. In seiner Predigt, die er 1856 in der Park Street Kirche hielt, sagte Spurgeon:

> Der Stolz ist eine unbegründete Angelegenheit; er steht auf sandigem Boden; oder schlimmer noch: Er stellt seinen Fuß auf Rauchschwaden, die unter seinen Schritten nachgeben; oder noch schlimmer: Er steht auf Blasen, die unter seinen Füßen sofort zerplatzen. Von allen Dingen hat der Stolz am allerwenigsten einen sicheren Stand. Auf der ganzen Welt hat er keinen sicheren Felsen, auf dem er sich niederzulassen könnte. Für fast alles haben wir unsere Gründe, aber wir haben keinen Grund

stolz zu sein. Stolz sollte für uns etwas ganz Unnatürliches sein, denn wir haben nichts, worauf wir stolz sein könnten. Was hat der Mensch an sich, womit er sich rühmen könnte? Allein die Tatsache unserer Erschaffung reicht schon aus, um uns demütig zu machen; was sind wir anderes als Geschöpfe der Gegenwart? Unsere Gebrechlichkeit sollte genügen, uns bedeckt zu halten, denn morgen sind wir nicht mehr da. Unsere Unwissenheit sollte verhindern, dass Stolz über unsere Lippen kommt. Was sind wir besser, als das Fohlen eines wilden Esels, das nichts weiß? Und unsere Sünden sollten uns für immer verstummen lassen und uns in den Staub werfen. Von allen Dingen der Welt hat der Stolz gegen Gott die allergeringste Begründung; er hat weder Stock noch Stein, worauf er bauen könnte. Doch wie die Spinne trägt er ein Gewebe in seinen Eingeweiden und kann aus seiner eigenen Materie das Netz spinnen, womit er seine Beute fängt. Er scheint sich auf sich selbst zu stützen, denn sonst hat er nichts, worauf er Fuß fassen könnte. Oh! Mensch, versteh doch, dass du keinen Grund hast, stolz zu sein, und lerne, dem Stolz zu widerstehen; ganz gleich, wer du bist, du besitzt gar nichts, was deinen Stolz rechtfertigen würde. Je mehr du hast, desto mehr schuldest du Gott; du solltest aber nicht auf etwas stolz sein, das dich zum Schuldner macht. Bedenke deine Herkunft: Sieh dir das Loch in der Grube an, aus dem du ausgegraben wurdest. Bedenke, in welchem Zustand du dich noch immer befinden würdest, gäbe es die göttliche Gnade nicht. Bedenke auch, dass du immer noch in die Hölle gehen kannst, wenn dich die Gnade nicht davor bewahrt. Bedenke, dass es unter den Verlorenen niemanden gäbe, der noch schärfer verurteilt würde als du, hätte die Gnade dich nicht vor dem Verderben erlöst. Lass dich durch diese Überlegungen demütigen, denn du hast nichts, womit du deinen Stolz begründen könntest.

Genauso ist der Stolz auch eine hirnlose Sache; denn er bringt keinen Profit. Selbst-Verherrlichung zeugt nicht gerade von Weisheit. Für andere Laster hat man zumindest eine Ausrede, denn man scheint dadurch etwas zu gewinnen; Habgier, Vergnügungen, Begierde scheinen ihre Berechtigung zu haben; aber der stolze Mensch verkauft seine Seele zu billig. Er öffnet die Schleusentore seines Herzens weit und zeigt den Menschen, wie tief die Fluten in seiner Seele sind; aber dann fließen sie plötzlich hinaus und alles ist fort – und dies „Alles" ist Nichts; für einen leichten Hauch heißer Luft, für ein süßes Wort des Lobes – fort ist die Seele und es ist kein einziger Tropfen mehr übrig. Bei fast jeder anderen Sünde kehren wir die Asche auf, nachdem das Feuer erloschen ist; aber hier, was bleibt übrig? Der gierige Mensch hat sein glänzendes Gold, was aber bleibt dem stolzen? Er besitzt weniger, als er ohne seinen Stolz gehabt hätte und hat überhaupt nichts dazu gewonnen. Oh! Mensch, und wärst du auch so mächtig wie Gabriel und genauso heilig, wärst du immer noch ein großer Tor, wolltest du darauf stolz sein. Denn der Stolz würde dich von deinem Rang als Engel auf die Stufe der Teufel hinunterstoßen und dich von dem Ort, an dem Luzifer – der Morgenstern – einst wohnte, in die Behausung scheußlicher Teufel – in die Verdammnis – verjagen. Der Stolz erhebt sein Haupt und sucht die eigene Ehre. Er bemühte sich um eine Krone für sich selbst und hat sie auch bekommen, aber sein Kopf glühte und als er die Krone aus Eis darauf setzte, schmolz sie dahin. Der arme Stolz hat sich manches Mal schön herausgeputzt; er hat seine farbenprächtigste Kleidung angelegt und zu anderen gesagt: „Wie sehe ich doch prächtig aus!" Aber, ach! Wie ein Harlekin in seinen grellen Farben bist du nichts weiter als ein Vorbild für Narren, die nicht ganz so töricht sind wie du selbst. Du besitzt keine Krone, obwohl du das denkst, nichts festes und reales, alles ist leer und nutzlos. Wenn du, oh Mensch, Schande begehrst, dann sei stolz. Durch ein Massaker kämpften sich Herrscher zum Thron hinauf und verschlossen sich gegen die Gnade für ihre Mitmenschen, um ein wenig Ehre zu erlangen; aber nachdem sie sich selbst erhoben hatten und stolz geworden waren, wurden sie von Würmern gefressen so wie Herodes, und auch ihr Reich, so dass es unterging, und mit ihm ihr Stolz und ihre Herrlichkeit. Der Stolz erlangt keine Krone; er wird nie bewundert, nicht einmal von den niedrigsten Sklaven der Erde; denn alle Menschen verachten den Stolzen und halten ihn für geringer als sich selbst…

Jetzt muss ich noch über den Sitz des Stolzes reden – das Herz. Der wahre Thron des Stolzes ist immer das Herz des Menschen. Meine lieben Freunde, wenn es unser Wunsch ist, mit Hilfe der Gnade Gottes den Stolz abzulegen, müssen wir beim Herzen ansetzen. Lasst mich ein Gleichnis erzählen, eine Geschichte aus dem Osten, die diese Wahrheit in das richtige Licht rücken wird. Ein weiser Mann im Osten – ein Derwisch – kam auf seinen Reisen auf eine Bergspitze. Und er sah zu seinen Füßen ein freundliches Tal, durch dessen Mitte ein Fluss verlief. Die Sonne schien auf den Strom und so, wie das Wasser das Sonnenlicht reflektierte, sah es rein und wunderbar aus. Als er vom Berg herunterkam, sah er jedoch, dass das Wasser trübe und völlig ungeeignet zum Trinken war. In der Nähe sah er einen jungen Mann in Hirtenkleidung, der mit großer Sorgfalt das Wasser für seine Herde filterte. Er füllte etwas Wasser in einen Krug, wartete, bis sich der Schmutz abgesetzt hatte, und goss dann die klare Flüssigkeit vorsichtig ab in eine Zisterne. An einer anderen Stelle lenkte er einen Teil des Flusses um und ließ das Wasser über den Sand und die Steine laufen, um es zu filtern und die Unreinheiten zu entfernen. Der Derwisch beobachtete, wie der junge Mann sich bemühte, eine große Zisterne mit klarem Wasser zu füllen und sagte zu ihm: „Mein Sohn, wozu all diese Mühe? Was willst du damit bezwecken?" Der junge Mann antwortete: „Vater, ich bin ein Hirte; dieses Wasser ist so schmutzig, dass meine Herde es nicht trinken wird. Deshalb bin ich dazu verpflichtet, es in kleinen Mengen zu reinigen, damit ich genug sauberes Wasser erhalte und meine Herde es trinken kann; aber es ist harte Arbeit." Während er dies sagte, wischte er sich den Schweiß von der Stirn, denn er war erschöpft von der Anstrengung. „Du hast dich sehr bemüht", sprach der weise Mann, „aber weißt du auch, dass deine Arbeit nicht gut durchdacht ist? Du könntest mit der Hälfte der Anstrengung ein besseres Ergebnis erzielen. Ich würde vermuten, dass die Quelle dieses Flusses unrein und verschmutzt ist; lass uns gemeinsam dorthin gehen und nachsehen." Sie gingen einige Meilen, wobei sie über einige Felsen klettern mussten, bis sie an die Stelle kamen, wo der Fluss entsprang. Als sie näher kamen, sahen sie eine Schar Wildvögel davonfliegen und wilde Tiere in den Wald laufen; sie waren gekommen um zu trinken, und hatten mit ihren Füßen das Wasser verunreinigt. Sie fanden eine offene Quelle, woraus unablässig frisches Wasser floss; aber wegen der Tiere, die es ständig aufwühlten, war es immer trübe und schmutzig. „Mein Sohn", sagte der weise Mann, „mach dich an die Arbeit und bau einen Schutz für die Quelle, die der Ursprung des Flusses ist. Und wenn du das getan hast, wenn du die wilden Tiere und Vögel davon fernhalten kannst, wird der Strom rein und klar weiterfließen und du wirst dich nicht mehr abmühen müssen." Das tat der junge Mann, und während er arbeitete, sprach der weise Mann zu ihm: „Mein Sohn, höre ein Wort der Weisheit: Wenn du im Unrecht bist, versuche nicht dein Leben äußerlich zu verbessern, sondern bemühe dich erst dein Herz in Ordnung zu bringen; denn von dort aus werden die Fragen des Lebens geregelt und du wirst ein reines Leben führen können, wenn dein Herz rein ist." Wenn wir uns also vom Stolz befreien würden, bräuchten wir keiner bestimmten Mode mehr zu folgen und würden uns nicht darum bemühen, durch unsere Sprache aufzufallen, indem wir einen ausgefallenen Akzent benutzen. Lasst uns deshalb Gottes Nähe suchen, damit Er unsere Herzen reinigen und vom Stolz befreien kann. Denn wir werden erst dann in der Lage sein, ein demütiges Leben zu führen, wenn unsere Herzen vom Stolz gereinigt sind. Mach den Baum gesund und er wird gute Früchte tragen; reinige die Quelle und der Fluss wird süßes Wasser führen. Oh! Möge Gott durch Seine Gnade uns allen helfen, unsere Herzen mit Sorgfalt zu bewahren, damit der Stolz dort nicht eindringen kann und unsere Herzen hochmütig werden und danach den Zorn Gottes erfahren müssen.

Auf seine typische Spurgeon-Art hat dieser herausragende Prediger die Natur und die Quelle unseres Stolz-Problems mit Hilfe der Bibel sehr lebendig aufgedeckt und einen Lösungsweg aufgezeigt. Diese Aussage ist ein herausfordernder und passender Abschluss für unser Buch über Stolz und Demut. Durchsuche die Heilige Schrift und prüfe, ob die Ausführungen in diesem Buch wahr sind (Apostelgeschichte 17,11). Denke über diese Wahrheiten nach und reagiere entsprechend. Bete, dass Gott die Wahrheiten in diesem Buch auf wunderbare Art gebraucht, um das zu erreichen, was Er in uns und mit uns erreichen will. Ich flehe euch an, meine Brüder und Schwestern in Christus, euch diese Dinge – Gottes Wahrheiten – zu Herzen zu nehmen und euer Herz und euer Leben verändern zu lassen. Die Wahl liegt bei euch. Wollt ihr vernichtet werden? „Stolz kommt vor dem Zusammenbruch, und Hochmut kommt vor dem Fall.“ (Sprüche 16,18) Wollt ihr geehrt werden? „Die Furcht des Herrn ist die Schule der Weisheit, und der Ehre geht Demut voraus.“ (Sprüche 15,33)

ÜBUNGSAUFGABEN ZUR ANWENDUNG / DISKUSSION

1. Lies dieses Kapitel noch einmal durch und schreibe alle Dinge auf, die wir tun können, um unseren „Stolz-Quotienten“ zu senken und den „Demut-Quotienten“ zu heben. Bereite dich darauf vor, sie jemandem zu erklären und so dieser Person zu helfen, dem bescheidenen und demütigen Herrn Jesus Christus ähnlicher zu werden.

2. Welche Punkte, die in diesem Kapitel aufgeführt wurden, stellen deiner Meinung nach die größte Herauforderung bzw. Hilfe dar? Erkläre, warum diese Wahrheiten für dich wichtig und herausfordernd waren.

3. Wähle beim Durcharbeiten dieses Kapitels fünf Bibelstellen oder Abschnitte, die für dich die größte Herausforderung bzw. Hilfe darstellten. Wenn du Schwierigkeiten damit hast, die fünf anspruchsvollsten herauszusuchen, wähle einfach fünf beliebige aus. Schreibe sie auf. Erläutere, warum sie eine Herausforderung bzw. eine Hilfe dabei darstellen, den Stolz zu überwinden und mehr Demut zu entwickeln.

4. Wähle mindestens einen Bibelvers aus diesem Kapitel und lerne ihn auswendig.

5. Lies die folgenden puritanischen Gebete, die die Haltung eines wirklich demütigen Menschen ausdrücken, und sprich sie nach. Wenn du das glaubst, was die Verfasser dieser Gebete über sich selbst und Gott glaubten, wird es dir helfen, die Art von Demut zu fördern, die sich Gott für alle Seine Kinder wünscht. Nachdem du diese Gebete gelesen und nachgebetet hast, schreibe die konkreten Aussagen darüber auf, was und wie ein wirklich demütiger Mensch denkt. Erwäge diese Gedanken gründlich und wende sie auf dich selbst an.

Das erste dieser Gebete trägt den Titel „Selbsterniedrigung“:

Oh Herr,

alle meine Sinne – mein Körper, mein Verstand, mein Herz – sind eine Falle für mich. Ich kann kaum meine Augen öffnen, ohne die zu beneiden, die über mir stehen, oder die zu verachten, die unter mir stehen.

Zu oft begehre ich das Ansehen und den Reichtum der Mächtigen, und bin stolz und unbarmherzig gegen andere. Wenn ich Schönheit erblicke, verführt es mich zur Begierde – sehe ich Missbildung, erregt es Abscheu und Verachtung in mir!

Wie schnell schleichen sich üble Nachrede, nutzlose Scherze und schamloses Gerede in mein Herz!

Bin ich attraktiv? Welch ein Nährstoff für Stolz!

Bin ich entstellt? Welche Gelegenheit zur Klage und zum Selbstmitleid!

Bin ich begabt? Wie ich Applaus begehre!

Bin ich ungebildet? Wie ich verachte, was ich nicht besitze!

Habe ich Autorität? Wie anfällig bin ich dafür, Vertrauen zu missbrauchen, meinen eigenen Willen zum Gesetz zu machen, das Vergnügen anderer zu unterbinden, meinen eigenen Interessen und Grundsätzen zu dienen!

Bin ich anderen unterstellt? Wie ich sie um ihre Vorrangstellung beneide!

Bin ich reich? Wie übermütig werde ich!

Du weißt, dass dies alles Fallen sind, weil ich so verdorben bin, und dass ich für mich selbst die größte Falle darstelle.

Ich bedaure, dass mein Verständnis so lückenhaft ist, meine Gedanken so unbedeutend, meine Zuneigung so lau, meine Ausdrucksweise so unbegeistert und mein Leben so unangemessen ist; aber kann man von Staub etwas anderes erwarten als Leichtsinn und von Verderbtheit etwas anderes als Verunreinigung?

Erinnere mich immer wieder an meinen natürlichen Zustand, aber lass mich meinen himmlischen Titel und die Gnade, die jede Sünde überwinden kann, nicht vergessen.

Das zweite Gebet heißt „Widersprüche“:

Oh unveränderlicher Gott,
durch deinen Geist überführst Du mich und ich merke:
Je mehr ich tue, desto schlimmer bin ich,
je mehr ich weiß, desto weniger weiß ich,
je mehr ich an Heiligkeit gewinne, desto sündiger bin ich,
je mehr ich Liebe übe, desto mehr bin ich auf Liebe angewiesen.
Oh, welch ein verdorbener Mensch ich doch bin!

Oh Herr, ich habe ein wildes Herz, ich kann vor Dir nicht bestehen. Ich bin wie ein Vogel in der Nähe eines Menschen.

Wie wenig liebe ich Deine Wahrheiten und Deine Wege! Ich ver-

nachlässige das Gebet, weil ich denke, ich habe genug und ernsthaft gebetet, und weil ich weiß, dass Du meine Seele errettet hast.

Es gibt so viele Scheinheilige – hilf mir, kein evangelikaler Heuchler zu sein, der sündigt und sich in Sicherheit wiegt, weil die Gnade im Überfluss vorhanden ist, der seinen Lüsten sagt, dass das Blut Christi sie ignoriert, und es so begründet, dass Gott ihn nicht in die Hölle werfen kann, ganz gleich wie er lebt, weil er errettet ist, der evangelikale Predigten, Kirchen und Christen liebt, aber ein unheiliges, gottloses Leben führt.

Mein Verstand ist ein Fass ohne Boden – ohne geistliches Verständnis – und mit zu wenig Sehnsucht nach dem Tag des Herrn, ständig dabei zu lernen und begreift doch oft die Wahrheit nicht, stets an der Quelle des Evangeliums und kann das Wasser doch nicht in sich halten.

Mein Gewissen ist viel zu oft kraftlos, Entscheidungen oder Vorsätze zu treffen. Mein Herz ist viel zu oft ohne Zuneigung und voller undichter Stellen.

Mein Gedächtnis hat so einen kleinen Speicher, dass ich die Lektionen, die ich gelernt habe, schnell wieder vergesse und Deine Wahrheiten versickern.

Zerbrich mein Herz und befähige es, das lebendige Wasser der Gnade nach Hause zu tragen.

Bibelstellen über Stolz und Demut

2.Mose 18,10-11
3.Mose 26,19
5.Mose 8,1-3.10-16
Richter 9,7-15
1.Samuel 2,3-5
1.Könige 20,11
2.Könige 14,9-10
2.Chronik 7,14
2.Chronik 12,7-12
2.Chronik 25,18-19
2.Chronik 32,26
2.Chronik 33,23-25
Hiob 11,12
Hiob 12,2-3
Hiob 15,1-13
Hiob 21,5-32
Hiob 32,9-13
Hiob 37,24
Psalm 9,21
Psalm 10,2-6.11
Psalm 12,4
Psalm 16,1-11
Psalm 31,24
Psalm 49,11
Psalm 52,7
Psalm 73,6.8-9
Psalm 75,5-7
Psalm 101,5
Psalm 119,21.69-70.78
Psalm 138,6
Sprüche 3,34
Sprüche 6,16-17
Sprüche 8,13
Sprüche 10,17
Sprüche 11,2.12
Sprüche 12,9.15
Sprüche 13,10
Sprüche 14,21
Sprüche 15,5.10.25.32-33
Sprüche 16,5.12.18-19
Sprüche 17,19
Sprüche 18,11-12
Sprüche 20,6
Sprüche 21,4.24
Sprüche 22,4
Sprüche 25,14.27
Sprüche 26,5.12.16
Sprüche 27,2
Sprüche 28,11-12
Sprüche 29,8.23
Sprüche 30,12-13
Jesaja 2,11-17
Jesaja 3,16-26
Jesaja 5,8.15
Jesaja 8,8-9
Jesaja 10,5-16
Jesaja 13,11
Jesaja 14,12-16
Jesaja 23,7.9
Jesaja 24,4.11
Jesaja 26,5
Jesaja 28,3
Jesaja 47,7-10
Jeremia 9,22-23

Jeremia 13,9.15.17
Jeremia 48,7.14-15.29
Jeremia 49,4.16
Jeremia 50,31-32
Hesekiel 16,56
Hesekiel 28,2-9.17
Hesekiel 30,6
Hesekiel 31,10-14
Daniel 4,16-34
Daniel 11,45
Hosea 5,5
Hosea 7,10
Hosea 10,11
Obadja 1,3-4
Micha 6,8
Nahum 3,19
Habakuk 2,4-5.9
Zephanja 2,10.15
Zephanja 3,11
Maleachi 3,19
Matthäus 5,3
Matthäus 12,26-27
Matthäus 18,1-3
Matthäus 23,6-8
Matthäus 23,10-12
Markus 7,21-22
Markus 10,43-45
Markus 12,38-39
Lukas 1,51-52
Lukas 9,46-48
Lukas 14,8-11
Lukas 18,9-14
Lukas 20,46
Apostelgeschichte 20,19
Römer 1,22-30
Römer 11,17-21.25
Römer 12,3.16
1.Korinther 1,29
1.Korinther 3,1-5.18
1.Korinther 4,6-8.10
1.Korinther 5,2.6
1.Korinther 8,1-2
1.Korinther 10,12
1.Korinther 13,4
1.Korinther 14,36-39
2.Korinther 10,5.12.18
2.Korinther 12,7
Galater 6,3
Epheser 4,1-3.17
Philipper 2,3-9
Kolosser 3,12
1.Timotheus 2,9
1.Timotheus 3,6
1.Timotheus 6,1-4.17
2.Timotheus 3,2
Jakobus 3,1-3.14-18
Jakobus 4,1-6.10
1.Petrus 5,3.5-6
1.Johannes 2,16
Offenbarung 3,17-18
Offenbarung 18,7-8

Schriftstellenverzeichnis

Über den Autor

Wayne A. Mack (M.Div., Philadelphia Theological Seminary; D.Min., Westminster Theological Seminary) dient Christus und Seiner Gemeinde acht Monate im Jahr als Professor für biblische Beratung an einer Schulungseinrichtung für Pastoren in Südafrika, wo er auch Konferenzen und Seminare durchführt. Für die restlichen vier Monate kehrt er mit seiner Frau in die Vereinigten Staaten zurück, um an einer Schulungseinrichtung für Pastoren zu unterrichten, die von der *Bible Church* von Little Rock, Arkansas, unterstützt wird.

Wayne ist außerplanmäßiger Professor für biblische Beratung am *Master's College* und Direktor von *Strengthening Ministries International*. Er ist Vorstandsmitglied von F.I.R.E. *(Fellowship of Independent Reformed Evangelicals)* und Gründungs- und Vorstandsmitglied der *National Association of Nouthetic Counselors*. Wayne ist außerdem Mitglied der Direktion der Missionsgesellschaft *Publicacione Fara de Gracia*.

Mack ist Autor zahlreicher Bücher, einschließlich *Down, but Not Out; A Fight to the Death; Reaching the Ear of God; Strengthening Your Marriage; Your Familiy, God's Way*. Er hat gemeinsam mit seiner Frau Carol vier Kinder und dreizehn Enkelkinder.

Notizen:

Wie gewinne ich Menschen für Christus?

J. Oswald Sanders

112 Seiten
Best.-Nr.: 30857

Dieses Buch wurde von einem Mann geschrieben, der nicht allein die Theorie des Seelengewinnens kannte, sondern diese auch in der Praxis verwirklichte. Heutzutage gibt es nur wenige, die solch ein Wissen um das »Wie« mit Leidenschaft in die Tat umsetzen. Es gibt viele Christen, die noch nie eine Seele für Christus gewonnen haben. Sie wissen nicht, welche Freude ihnen entgeht!